近代スポーツの病理を超えて

―― 体験の社会学・試論 ――

小丸　超

創文企画

近代スポーツの病理を超えて
―体験の社会学・試論―

目　次

序章　4
 1．体験の擁護　4
 2．体験の社会学という立場　7

第1章　問題・方法・構成　11
 1．スポーツの危機　11
  (1) 近代社会とスポーツ　11
  (2) 正常と異常　13
  (3) スポーツと身体　15
 2．方法　16
  (1) 体験の概念　16
  (2) 社会化と超社会化という視点　19
 3．構成　21

第2章　アスリートバーンアウトの概念　26
 はじめに　26
 1．心理学系パラダイム　27
  (1) ストレスモデル　27
  (2) 症状による定義と要因の特定作業　30
  (3) コミットメントモデル　31
 2．社会学系パラダイム　34
  (1) 社会的権力モデル　34
  (2) 役割葛藤モデル　36
 3．体験論系パラダイム　39

（1）体験論の視点　　39
　　（2）バーンアウトの再解釈　　42
　おわりに　　44

第3章　アスリートにおけるキャリアトランジション問題　　47
　はじめに　　47
　1．理論枠組の構築　　48
　　（1）先行研究の検討　　48
　　（2）超社会化と生命感　　50
　　（3）人間学モデルの提示　　52
　　（4）脱・超社会化と引退過程　　55
　2．事例の分析　　56
　　（1）事例の概要と調査手続き　　56
　　（2）超社会化を導く体験　　57
　　（3）順路型　　58
　　（4）ショートカット型　　60
　おわりに　　63

第4章　方法としての「直観」　　67
　はじめに　　67
　1．ガルウェイのコーチング論　　68
　　（1）基本概念　　68
　　（2）集中力の科学　　69
　　（3）コーチングの類型　　71
　2．結城匡啓のコーチング論　　72
　　（1）感覚のイメージ化　　72
　　（2）潜り込みという方法　　74
　3．潜り込みに関する理論的考察　　76
　　（1）ポランニーの暗黙知理論　　76
　　（2）ベルクソンの直観論　　79
　おわりに　　82

第 5 章 「コツ体験」の構造と誘発　85
　　はじめに　85
　　1. コツとカンの語義　86
　　2. 黒田亮の立体心理学　87
　　　(1) 識と覚　87
　　　(2) 那一点の概念　88
　　　(3) スポーツ技能への適用可能性　89
　　　(4) 直指の概念　90
　　　(5) 小括　91
　　3. ベルクソンの動的図式論　92
　　　(1) 記憶の逆円錐　92
　　　(2) 動的図式の概念　93
　　　(3) 阿波研造の指導法　95
　　おわりに　100

終章　104
　　1. 議論のまとめ　104
　　2. 体験の社会学の意義　107
　　3. 今後の課題　109

参考文献　111
あとがき　117
著者紹介　120

序　章

1.　体験の擁護

　本書は大きく2つのことを主張する。1つは、近代スポーツ―主に競技スポーツ―は必然的にアスリートを心身の不健康に追い込むという点であり、もう1つは、そうした心身の不健康を回避するためには新しいコーチング方法が必要であるという点である。おそらく、こうした主張はありふれたものと思われるだろう。というのも、競技スポーツを導く業績主義の弊害はしばしば指摘されてきたし、そうした弊害への対策もある程度は講じられてきたからである。しかし、本書は本書なりの独自性を持っている。それは、こうした問題について「体験」という視点から一貫して論じる点にある。本書では、近代スポーツにおける病理現象を「体験」の視点から再解釈し、その上で「体験」を誘発するコーチング方法を考察するだろう。

　ここで、すぐさま次のような疑問が浮かんでくる。それは、「体験」とは何か、あるいは「体験」という視点を導入する意義はどこにあるのかという疑問である。しかし、「体験」の定義と意義についての詳細な考察に入る前に、まずは、筆者の問題意識を述べておくことにしよう。

　筆者は、教育活動の文脈、特に身体教育の場においてしばしば耳にする「なぜできないのか」という叱責の声に対し、常に違和感を抱いてきた。違和感は、通常、何らかの反発を伴っている。すなわち、筆者は―おそらく少数派であろうが―こうした言明を聞くたびに「そんなこと言われても、できないものはできないのだ」と反論したくなるのである。多くの人は単なる屁理屈だと言うだろう。そして、今度は「努力が足りないのだ」と再反論することだろう。しかし、こうした再反論に対し、筆者の心にはまたしても次のような声が聞こえてくるのだ―「本当に単なる屁理屈として片づけて良いのだろうか。『できないものはできない』という論理は経験的に誰しも了解していることではないだろ

うか。とするならば、この屁理屈は、実は、正しいのではないだろうか」、と。

　「なぜできないのか」という言明を少し分析的に考えてみよう。そうすると、この言明の前には、主として2つの言葉が隠されていることに気づく。その1つは「わかっているのに」という言葉である。すなわち「わかっているのになぜできないのか」というわけだ。この言明は明らかに「わかる＝できる」という等式を前提としている。「わかる＝できる」と考えるから、「なぜできないのか」という疑問が湧いてくるのだ。ここで、平尾(2014：15-18)の用語法に従って「わかる」という言葉を「言葉で理解すること」、「できる」という言葉を「感覚で掴むこと」と定義してみよう。この定義でいけば、「わかる＝できる」という等式は明らかに誤っている。たとえば、自転車に乗るために必要な諸動作は、言葉で丁寧に説明されれば理解することができよう(＝「わかる」)。しかし、「わかる」から「できる」わけではない。そうではなく、反復練習や試行錯誤の努力を重ねる中で、どこかの時点でふっと「乗れる」ようになるのである(＝「できる」)。

　このように、「わかる」と「できる」は、経験上、別次元の事象である。にもかかわらず、両者が混同されてしまうのは、「わかる」→「反復練習」→「できる」という過程を連続的なものとして捉えてしまうからだろう。なるほど、この過程の前半部分、すなわち「わかる」→「反復練習」の過程は連続的である。というのは、「反復練習」とは(「わかる」の段階で把握された)諸動作の外的表象を、身体に埋め込んでゆく作業である、と考えられるからだ。しかし、こうした作業の必然的結果として「できる」ようになるわけではない。というのは、「できないことができるようになる」という体験は偶然的に到来するものであり、まさにそのとき、身体の諸動作が固有の内的調和をもって新しく創造されるからである。もちろん、「反復練習」の段階を経ずに「できる」の段階に至ることはない。しかし、「反復練習」はいわば必要条件であり、「できないことができるようになる」という体験(＝十分条件)を通して初めて「できる」ようになるのだ。その意味で、上記の過程の後半部分、すなわち「反復練習」→「できる」は非連続的なのである。要するに、「わかっているのになぜできないのか」という言明は、「わかる」と「できる」を混同しており、特に「できる」の「偶然性」や「創造性」を捨象するという点で誤っているのだ。

さて、もう1つの隠された言葉は「みんなはできるのに」という言葉である。すなわち「みんなはできるのになぜ（おまえは）できないのか」というわけだ。この言明は明らかに「みんな＝個人」という等式を前提としている。「みんな＝個人」と考えるから、「なぜ（おまえは）できないのか」という問いが出てくるのだ。一見してわかるように、この等式は、「個人の特異性」を捨象するという点で誤っている。身体能力、知的能力、周囲の影響の受け取り方など、たとえ似ているように見えたとしても、人間は一人ひとり異なる存在者と言うほかはない。しかし、この当然の事実を皮肉にも当然のごとく無視してしまうのである。

　では、なぜ、こうした混同が生じてしまうのだろうか。それは、「みんな」という言葉が、ある集合体を前提にするとともに、その集合体の価値基準を含んでいるからであろう。つまり、「みんな」とは、ある一定の時期に、ある一定の水準まで到達しなければならない（と想定されている）一般的基準の別名なのだ。「個人」は「みんな」と同じように「できる」ようにならないといけない。そして、この（一般的基準の有する）強制力によって、「みんな＝個人」という錯覚が生じるのである。要するに、「みんなはできるのになぜ（おまえは）できないのか」という言明は、「みんな」と「個人」を混同しており、特に「個人の特異性」を捨象するという点で誤っているのだ。

　筆者は別に難しいことを言っているわけではない。「できないことができるようになる」という体験は、あるときふっと到来するものであり、一人ひとり違っているものである、と言っているだけである。しかし、現状においては、「なぜできないのか」という誤った言明が幅を利かせているのだ。われわれの考察によれば、「体験」の「偶然性」は「必然性」に還元され、「個人の特異性」は「社会の一般性」に還元される。そして、こうした還元主義が、人を錯覚へと導き、経験を単純化していくのである。本書では、そうした道を辿るのではなく、「できる」の次元―以下「体験」の次元と呼ぶ―を擁護し、その地点から見える風景を描いていく。要するに、こうした「体験」の擁護こそ、筆者の根本的な問題意識なのであり、本書を導いていく価値観なのだ。

2. 体験の社会学という立場

　「体験」の擁護という問題意識を展開するにあたり、筆者は「体験の社会学」という立場を主張する。「主張する」というのは、標準的な社会学はそもそも「体験」を捉えづらい仕様になっているからである。たとえば、周知のように、デュルケームは社会学の対象と方法について「社会的事実を物のように考察する」と規定した。社会的事実とは、個人に外在し、個人を拘束するものであり、また個人の表現するものではなく、ある社会で共有されている行為様式のことである（Durkheim, 1895=1978：69, 71-96, 261-269）。しかし、「体験」は個人を拘束するものではなく、個人の新しい可能性を拓く創造であり、また社会で共有されているものではなく、体験者にしか――あるいは体験者でさえ――了解できない出来事である。他方、「体験」は「物のように考察する」こともできない。というのは、「体験」とは何より生きられるものであり、一回的なものだからである。つまり、「体験」は、自然科学のように、客観的に観察したり、一般的な因果法則を適用したりすることはできないのだ[1]。
　このように、社会学は「体験」の次元をそのディシプリンにおいて捨象している。しかし、「体験の社会学」という発想は全く新奇なものというわけではない。特にスポーツや身体を対象とする社会学では、対象の性質上、「体験」の次元を抜きに語ることは難しく、その重要性がたびたび示唆されてきた。
　たとえば、井上（1993=2000）は、日本スポーツ社会学会の設立講演で、スポーツ社会学の方法を「制度論」と「体験論」に分け、後者の方にスポーツ社会学の可能性がある、と指摘している。「制度論」とは、スポーツを社会制度の1つとして捉え、スポーツ制度と他の諸制度（たとえば政治、経済、教育）との関連、あるいは全体社会におけるスポーツ制度の機能について考察する立場である。われわれの関心に即して言えば、「制度としてのスポーツ」を考えることで、アスリートの生に対する社会的拘束性を捉えることができるのである。これに対して、「体験論」とは、スポーツ体験をその体験にできるだけ即して捉え、その体験の意味を汲み取ろうとする立場である。たとえば、熟練の外野手は、打者がボールを打った瞬間、ボールの落下点を見極め、その落下

点へと一直線に走っていく。こうしたプレーが可能なのは、当たり前のことだが、選手がボールの角度や速度を科学的に測定しているからではない。そうではなく、「体験」に即せば、このとき選手は（身体を通して）ボールの軌道を直観的に捉え、言ってみればその軌道を潜在的に「なぞっている」と考えられる。われわれの関心に即して言えば、「体験としてのスポーツ」を考えることで、選手とモノ、あるいは選手と選手の深いコミュニケーションを捉えることができるのである。

　また、身体の社会学（と呼ばれる領域）[2]でも、やはり「制度論」と「体験論」は区別されている（亀山, 2010）。「制度論」とは「身体は制度によって決定される」と想定し、「表象としての身体」や「実践としての身体」を考察する立場である。たとえば、身体的技能の習得は、多くの場合、当該種目で必要とされる「型」（＝集合表象）を、反復練習によって身体に埋め込んでいく作業（＝身体化の実践）としてイメージされる。しかし、この考え方では、新しい身体的技能の創造について十分に語ることはできない。というのは、たとえ身体化の実践において新しい身体的技能が創造されても、その（新しい）身体的技能は、理論設定上、（先行する）「型」の習得として位置づけられてしまうからである。これに対して、「体験論」は「身体が制度を作る」と想定し、「生きられる身体」や「運動する身体」を考察する立場である。実際、われわれは身体を「持つ」のではなく、その前に「生きている」。そして、「生きている」ということは常に「動いている」ということであり、常に「動いている」ということは常に何かに「働きかけている」ということである。そして、常に何かに「働きかけている」ということは常に新しいパターンの創造に向けて「開かれている」ということなのだ。こうした身体の作用は、意識による反省に先立っている。しかし、「なぞり」や「なぞり合い」といった潜在性の水準―この水準は現象学的には「交叉」や「錯綜的運動」の水準と呼ばれる―を想定することで、「体験論」は創造性の問題に答えようとするのだ。

　さて、以上の検討によって、「体験の社会学」は「制度論」に加えて「体験論」を考慮する立場である、と定義できるだろう。実際、「わかる」→反復練習→「できる」という過程は、「制度論」と「体験論」の両方を考慮に入れなければ十分に理解できないのである。ところで、社会学において「体験論」を考慮する

研究は少数である。たとえば、亀山（2013）は、日本スポーツ社会学会の学会誌を考察し、「制度論」の論文の数は常に一定しているのに対し、「体験論」の論文の数は減少傾向にある、と指摘している。スポーツ社会学は社会学の一分野であり、「制度論」が主流となるのは当然である。ただ、その中で、つまりそもそも少ない「体験論」の中で、その数がさらに少なくなっている、というのである。しかし、たとえば「なぞり」の次元を考慮するだけで、コミュニケーションは（実体として把握された）情報のやりとりの水準だけではなく、より深い身体性の水準でも捉えられることになるだろう。それゆえ、かつて「スポーツ体験の分析が社会学に跳ね返って社会学の理論を豊かにしていく」（井上，1993=2000：35）、と主張されたのである。本書はこうした学問的志向に基づく小著であり、近代スポーツ論であるとともに「体験の社会学」の1つの試論として位置づけられるだろう。

【序章注釈】
1) 社会学は「体験」の次元を全く捨象しているというわけではない。たとえば、デュルケーム自身、『自殺論』（Durkheim, 1897=1985）において、自殺を社会現象（社会的事実）として捉えるだけでなく、一種の内観法によって自殺者の心理を克明に辿っている。しかし、彼は、自殺者が自殺を決心する最後の一撃のようなもの（＝「体験」の次元）については論じていないのである。あるいは、ウェーバーの社会学では、「体験」の次元に入る（と思われる）行為類型として感情的行為が設定されている。しかし、彼の理解社会学の中心は「体験」ではなく、行為者が行為に付与する「意味」である。それゆえ、彼は、感情的行為について、その独立性を認めつつ、価値合理的行為に還元されるものとして取り扱うのである（Weber, 1922=1972）。なお、この感情的行為を「体験選択」（対象への共感）という概念によって行為理論に組み入れようとする独創的な研究も存在する（高橋，1996）。
2) 亀山（2010）によれば、「制度論」の系譜は、デュルケームが提示した「集合表象」の概念に代表され、この系譜を継ぐ身体論としてモースの「身体技法論」（身体技法の文化的固有性を論じる）が位置している。また、こうしたデュルケームの「社会実在論」は、認識論的な徹底を経て、レヴィ＝ストロースの「構造主義」に至り、この系譜の中にフーコーの「規律＝訓練的身体論」（権力の身体への浸透を論じる）が位置づけられる。他方、「体験論」の系譜は、主としてメルロ＝ポンティの「現象学的身体論」とベルクソンの「持続」の概念に基づいて展開されており、社会学に限って言えば、大澤真幸の「身体の比較社会学」（超越的身体の生成を論じる）や亀山佳明の「生成する身体論」（身体の流動性や創造性を論じる）を挙げることができる。
　ところで、身体の社会学について、ターナー（2005）は、「表象論」と「実践論」

という2つの立場を区別している。「表象論」はまさに「表象としての身体」を対象とし、「実践論」はまさに「実践としての身体」を対象とする。しかし、この分け方では「体験」の次元が入りづらい。本文で述べているように、「実践」の過程で「体験」は到来するだろうが、そこで新しく創造された身体的技能は、理論設定上、「型」（表象）の習得として捉えられてしまうからである。また、彼はブルデューの「実践感覚論」や「ハビトゥス論」に期待を寄せているが、ブルデューの議論は容易に援用できるものとは言えない。たとえば、ハビトゥスとは、通常、「ある社会階級のもとで生まれ育つことによって身体に染みこむ習性」（菅原，2013：16）として理解される。しかし、その定義は、実に両義的であり、たとえば「構造化された構造であると同時に、構造化する構造である」（倉島，2007：22）のごとくである。一般にブルデューの理論体系は、現象学（主観主義）と構造主義（客観主義）の対立を止揚すると言われており、ハビトゥス概念はまさに「自由と決定論」、「条件づけと創造性」「個人と社会」といった二律背反を乗り越えるためのキー概念とされる（菅原，2013：17）。しかし、この概念を使用するためには厳密な理論的検討が必要となるだろう。

　なお、身体の社会学は、その対象の性質上、極めて多様な分野と方法を含んでいる。この点についてはターナーの一連の仕事を参照のこと（Turner, 1984=1999；ターナー，2005）。

第1章
問題・方法・構成

1. スポーツの危機
(1) 近代社会とスポーツ

　現在、スポーツは広く人口に膾炙している。しかしその繁栄は見かけ上のものであり、実は、スポーツは危機的状況にあるのではないだろうか。スポーツを政治的に利用することによる弊害、商業的に利用することによる弊害、あるいは過度の競争による弊害など、こうしたスポーツをとりまく諸問題の存在は、今や、スポーツ界だけでなく一般の人々も知るところであろう。では、問題は解決されたのであろうか。否。問題は未だに全く解決されていないのである。問題は指摘できるが、有効な解決策は見つからない。こうした状態が長く続いているのだ。なぜだろうか。それは、スポーツを貫く論理が近代社会を貫く論理と同一であるからだ、と考えられる。スポーツを乗り越えることは近代社会を乗り越えることである。それゆえ、未だ近代社会の射程を生きるわれわれにとって、「スポーツ＝近代社会」を乗り越えることは非常に困難なことなのだ。
　スポーツは一般に「社会を映す鏡」と言われる。この言明を社会学的に翻訳すれば、スポーツは「近代社会の文化装置である」ということになろう。文化装置とは、社会の反映物であり、主体に社会の本質（社会がどのような価値に従って動いているか）を実感させる装置のことである[1]。社会の水準は相対的に状況主義的であるのに対し、文化の水準は相対的に価値の一貫性が担保されている。それゆえ、文化の水準において、人は社会の本質をより深く感じ取ることができる。つまり、われわれは、スポーツに触れることで、「する」のであれ「見る」のであれ、近代社会の本質をより深く感じ取るのである。
　近代社会を導く価値は、パーソンズふうに言えば、普遍主義と業績本位であ

る。普遍主義とは、特定の人間関係や集団を重視する（＝個別主義）のではなく、一般的な基準を重視する立場であり、業績本位とは、人柄や生まれを重視する（＝属性本位）のではなく、能力や成果を重視する立場である（Persons and Shils, 1954=1960：130-133）。こうした普遍主義と業績主義は、社会の水準ではいわゆる仕事の領域において広く通用している。たとえば、会社という利益集団では、数字という一般的な基準によって示される業績に即して人間は評価されるのである。もちろん、独特の個性によって職場の雰囲気を和ませる存在はやはり重要ではあろう（＝個別主義と属性本位）。しかし、会社はいざとなれば、定義上、数字上の利益を上げてくれる人間を選ぶはずである[2]。

　スポーツに目を転じてみれば、そこでは、普遍主義と業績主義がより一貫性をもって展開されていることに気づく。スポーツにおける普遍主義で言えば、公平性の原則と数値主義を挙げることができよう。主要なスポーツのルールは万国共通であり、競技の条件の面でも一方に不利が無いよう配慮されている。そして、選手のプレーは様々な角度から測定され、記録として保存されるのである。他方、業績本位で言えば、実力主義、競争主義、勝利至上主義、優勝劣敗主義といったおなじみの諸価値が挙げられるだろう。つまり、スポーツ選手には、公平性が担保された平等な条件の下で、自分の力によって競争に勝つことが求められるのである。

　人は、近代社会に生きるかぎり、普遍主義と業績主義に拘束される。しかし、スポーツ選手は、こうした価値を受動的に受け入れるのではなく、むしろ能動的に追求しているように見える。何かにとりつかれたかのように、対戦相手との、あるいは自分自身との戦いに勝利し、より高い水準を求めてピラミッドの頂点を目指そうとしている。もちろん、頂点に近づけば近づくほど富や名声は大きくなる。しかし、彼らを特徴づけるのはこうした具体的な対象への執着ではなく、無限の上昇運動への忠誠—グートマンの用語では「進歩」の観念への忠誠（Guttmann, 1978=1981：89-93）—といったものであろう。実際、近代的価値に実体的な到達点は存在しない。ある業績は到達した瞬間に通過点となる。たとえば、世界記録なるものは乗り越えるために存在するのだ。たとえ数センチであっても、コンマ1秒であっても、アスリートは「より以上のもの」を求め、「より遠くへ」行こうとするのである。ところで、周知のように、社会学の知

識によれば、アイデンティティは社会によって与えられる。とするならば、アスリートは、この「進歩」の観念に忠実であればあるほど、自分という存在をより実感できるということになるだろう。そして、われわれはと言えば、スポーツを見るとき、自分の生とアスリートの生を重ね合わせることで、彼らから生の実感を少しだけ分けてもらっているのだ。

(2) 正常と異常

　スポーツは近代社会の文化装置であり、アスリートは近代社会を導く価値の体現者である。しかし、近代的価値に忠実であればあるほど、アスリートは身体を壊し、不断の欲求不満―デュルケームの言うアノミー状態―に悩まされることだろう。こうした状態は、常識によれば、異常である。しかし、彼らは「進歩せよ」という命令に忠実なだけである、とも言える。執拗に業績を追い求めるのは、業績が「進歩」の証になるからだ。とするならば、われわれの考える異常は、アスリートにとっては（そして近代の論理では）正常と言うべきではないだろうか。

　スポーツにおける病理現象の1つであるドーピング問題を考えてみよう。ドーピングとは競技力を向上させるために薬物を摂取することである。それゆえ、当然のごとく禁止されているのだが、無くなるどころか、その存在はいわば常識となっている。

　ドーピングを禁止するための論拠の1つは「不公平性」である。つまり、ドーピングをした選手としていない選手では、競技力に差が出てしまうので、平等な条件のもとでの競争という原則に抵触する、というわけである。しかし、不平等という点で言えば、生まれつきの不平等、あるいはトレーニング環境における不平等はどうなるのだろうか。背の低い人は必然的にバレーボールのアタッカーになれないが、そうした選手が（生まれつきの不平等をなくすために）ジャンプ力をアップさせる薬物を使うのはなぜいけないことなのだろうか。あるいは、先進国と発展途上国ではトレーニング環境に不平等が生じているが、この不平等をなくすために薬物を使用するのはなぜいけないのだろうか。つまり、ドーピングは、逆に、不平等をなくすための道具となるのではないか、とも言えるのだ。もしこの意見に選手全員が賛成すれば、「不公平性」という論

拠は崩れてしまうだろう（Bette und Schimank, 1995=2001：116-119）。

　このように「不公平性」という論拠は失効する。そこで「不自然性」（人為性）という論拠が持ち出されてくる。つまり、ドーピングは「自然」な身体を破壊するという点で異常である、というわけだ。しかし、スポーツにおけるトレーニングとはそもそも「自然」な身体を「不自然」な身体に作り変えることであり、ケガなどの「職業病」はいわば必然的現象である。それゆえ、なぜドーピングだけが否定されなければならないのか、と反論されることだろう。そこで、今度は、健康という点で有害だと主張されるかもしれない。しかし、薬物とはそもそも副作用をともなっているものであり、ドーピングで使用する薬物よりも副作用を起こす薬物はいくらでも存在する。そして、何より、健康を求めるかどうかは究極において個人の自由意志の問題ではないか、と反論されることだろう。「身を売って益を得る」ことはなぜ悪いのだろうか（Bette und Schimank, 1995=2001：119-121）。

　このように、ドーピングを禁止するための論拠はことごとく論破される。そこで、スポーツ組織は禁止薬物のリストを列挙するという作戦に打って出る。しかしこの方式でいけば、逆に、リストに載っていない薬物（新しい薬物）であればドーピングに引っかからないことになる。つまり、この方法は、穿って言えば、「新しい薬物を作れ」と触発しているようなものなのだ。こういう次第で、ドーピングは、現在、いわゆる「イタチごっこ」状態になっている（Bette und Schimank, 1995=2001：124-131）。

　ドーピングは論理的に否定することができない。というよりむしろ、「不平等」を解消するという点で、またスポーツのミッションとも言える「人為性」を極限まで推し進めるという点で、さらに言えば「進歩」をもたらすという点で、「望ましいもの」ですらあるだろう。つまり、ドーピングは、少なくともスポーツを導く価値にとっては、正常な現象なのである。もし、それでも何らかの異常性を感じる人がいれば、スポーツを導く価値の外に出るしかない。本書では、そうした観点から、スポーツにおける病理現象を（再）解釈することになるだろう。しかし、ともかくも、ドーピング問題の検討によって、スポーツの奥底に潜む論理が少しは明らかになってきたように思われる。それは、スポーツが「人為性」を前提にして成り立っているという点である。スポーツする身体は、

「自然」な身体に何かしらの「人為」を加えることではじめて成立する。そして、この思考を論理的に延長したところにドーピング問題は出てくるのだ。ところで、近年のスポーツ批評では、スポーツの問題を解決するためには身体の問題まで遡らなければならない、と示唆されている[3]。そこで、われわれも、身体の問題へと入っていくことにしよう。

(3) スポーツと身体

　一般的な近代的身体観によれば、身体はモノ（物質）であり、意識的に（理性で）操作できる対象とされている。そして、この身体観の上に立って、スポーツは発展してきたと言える。というのは、スポーツは「スポーツする身体」を必要とするし、いざ試合となれば、競技力を最大限に発揮するため、身体はまさに「管理」され、「作られる」からである。身体は「所有」され、「管理」され、「作る」ことができる。つまり、身体は人為的操作の対象なのだ。こうした身体観はわれわれの常識であろう。しかしこの常識こそ問われねばならないのではないだろうか。

　近代的身体観は身体にかかわる3つの要素を捨象する。1つ目は「身体の文化性」といったものである。たとえば、ブラジルのサッカー選手の動きはラテン系特有のリズム感を帯びている。この独特のリズム感を通して、われわれは「ブラジル人らしさ」（「身体の文化性」）を直感的に把握するのである。しかし、近代的身体観は、身体を民族などの諸集団を超越したものとして想定する。つまり、身体はジョン・ロックの言う「タブラ・ラサ」（白紙状態）のようなものであり、そこに設計図を書き込めば「理想の身体」が出来上がる、と考えるのだ。要するに、「身体の文化性」は（人間の）「身体の同一性」という観念のもとに捨象されるのである。

　他方、この観念は同じ論理で「身体の特異性」を捨象する。これが2つ目である。つまり、諸民族の差異と同じように、一人ひとりの身体的差異を捨象するのである。たとえば、野茂英雄のトルネード投法のように独特のフォームを持つ選手を思い浮かべてみよう。彼らのフォームは、一般的に理想とされる「型」とは全く異なっている。しかし、そのフォームは彼の身体にとってしっくりくるものであり、彼の身体にとって負担も少なく、結局彼の身体にとって

一番理にかなったものなのだ。このように、「型」は本来「身体の特異性」によって一人ひとりが創造すべきものであろう。しかし、「身体の同一性」は、定義上、「身体の特異性」を認めず、場合によっては身体を「型」にはめようとするのだ。

　3つ目は「身体の偶然性」の捨象である。先に述べたように、スポーツでは、身体を徹底的に「管理」し、試合でベストの状態になるよう準備するのであった。準備が完璧であれば（＝原因）、試合で良いプレーができる（＝結果）。このような想定は、身体を「必然性」（因果法則）の網で捉えようとしている、ということである。しかし、準備が完璧でも、試合で急に身体が動かなくなるといったことはしばしば起きる。そうした場合、「必然性」の声は、準備が不十分であったと答えることだろう。確かにそうかもしれない。しかし、誰もが経験的に知っているように、身体を完璧に「管理」することは不可能である。素晴らしいプレーの到来する時間と場所を正確に予測することなどできるだろうか。素晴らしいプレーはいつでも偶然的に到来するはずである。

　以上のように、近代的身体観はかなり限定的な身体観である。それゆえ、この身体観に依拠するスポーツもやはり限定的なものにならざるを得ない。そこで、スポーツを捉え直すために、近代的身体観を一旦カッコに入れ、「身体の文化性」「身体の特異性」「身体の偶然性」といった要素を擁護してはどうかという声が出てくるのである。本書では、これら3つの要素のうち、「身体の特異性」と「身体の偶然性」を取り上げることになるだろう。しかし、その前に、われわれの方法論を示しておく必要がある。

2.　方法

(1) 体験の概念

　本書では、スポーツにおける病理現象を（再）解釈するとともに、「身体の特異性」と「身体の偶然性」について論じる。そこで、こうした課題を位置づけるために、（ここまで直感的な記述にとどまっていた）「体験」の概念をより明確に規定しておくことにしよう。ところで、「体験」の概念は、思想史的に言えば、主に生の哲学に属する概念である。生の哲学とは、一般に、実在を、

固定したものではなく生成するものと捉える立場であり、それゆえ生成を捉える方法としては、概念や判断などの合理的方法ではなくいわば「生を生に即して理解する」という直観的な非合理的方法が用いられることになる（Bollnow, 1958=1975：32-38, 209-212）。しかし、こうした議論を進めていくと抽象度が高くなりすぎてしまうだろう。そこで、われわれは、しばしば指摘される「パフォーマンスの直接性」（ターナー，2005）について語ることから始めよう。

　パフォーマンスが直接的であるということは、逆に言えば、間接的ではないということである。自転車に乗っている場面を想像してみよう。そのとき、われわれはペダルをこいで前方に進んでいる。この運動において、先行する動きと次の動きは1つの途切れることのない流れとして直接的に経験されている。これはいわば「流れの直接性」である。逆に、もし先行する動きと次の動きが分節されてしまえば非常にぎこちない運動となってしまうだろう（＝間接性）。他方、自転車に乗っているとき、自分の身体と自転車は絶妙なバランスによっていわば一体となっている。これはいわば「相互浸透の直接性」である。逆に、もし自分の身体と自転車を区別し（＝分節し）、両者を操作しようとすれば、やはりぎこちない運動となってしまうだろう（間接性）。以上は、パフォーマンスを生の哲学の方法によって、すなわち自転車に乗るという経験をその経験に即して記述したものである[4]。繰り返せば、「パフォーマンスの直接性」には「流れの直接性」と「相互浸透の直接性」が存在する。そして、これを生の哲学者の代表者の1人であるベルクソンの言葉で言えば次のようになるだろう――（「生の直接性」は）「区別なき契機を――それも諸要素の相互浸透、連帯、内密な有機的組織化として――思い描くことができる」（Bergson, 1889=2002：116）。

　次に、「体験」の概念を考えよう。ここでは、まず、ベルクソン哲学に即して「体験」と「経験」を区別した作田（1993）の規定を取り上げたい。作田は「体験」を「意識に先立つ経験」（作田, 1993：28）と規定している。とすれば、逆に、「経験」とは意識によって分節されたあとの経験である、と言えよう。つまり、「体験」と「経験」の差異を意識による分節の有無に見るのである。前段の叙述と重ねれば、「体験」とはまさに「生の直接性」の経験――作田の用語では「生成の経験」――であり、「経験」とは「生の直接性」を分節したあとの経験――作田

の用語では「定着の経験」—であると言えよう。しかし、自転車に乗ることが「体験」であると言われると、人はやや不審に思うかもしれない。しかし、そう思うのは自転車に乗ることができたときの感動を忘れているからである。そのとき、われわれはいわば生命が高揚するのを感じ、乗ることができているのはほかならぬこの私だと感じたはずである。実際、作田によれば、「体験」—作田は特に「溶解体験」と呼んでいる—における自己と対象の融合は「自己意識の喪失を意味しない。反対に、この時、自己意識はますます鮮明となる。この時、自己は『外的なもの〔定着の世界〕から解放された』と感じ、《わたしは存在する》、わたしだけで充足できる、という確信に浸されるのである」(作田, 1993:112)。「体験」は、「経験」と違って、「生の直接性」を特徴とする。さらに、「体験」が出現したときには、「経験」の水準を離脱し、自己は「存在の感情」(ルソー) に浸されるのである。

　ここで、「体験」の出現、さらに「体験」の特異性という点について、やはり生の哲学者の1人であるディルタイの「体験」概念を援用して根拠づけておこう。ディルタイは、他の生の哲学者と同じように生を生成として捉えるが、単に「力」(Kraft) としてだけではなく「意味」(Bedeutung) としても捉える。つまり、生は単に無限に流動するだけでなく（=「力」）、（相対的に分離可能な）内的一体性を創造する（=意味）、というのである。そして、こうした、生の、生自身による内的一体性の形成—ディルタイの用語では「生の表出」—を「体験」(Erleben, Erlebnis) と呼ぶのである (Bollnow, 1958=1975:54-58, 71-76)[5]。この「体験」の概念によって、2つのことが指摘できる。1つは、「体験」は主体を前提にしないという点である。それは「生の、生自身によるもの」であり、主体は、定義上、「体験」がいつ到来するかを予測することができない。それゆえ、「体験」は主体にとって「ふっと到来するもの」と感じられるのである。これは「体験」における「偶然性」のモメントと言えよう。他方、もう1つは、「体験」は主体にとって特異なものとして感じられるという点である。「内的一体性の形成」とはある新しい諸力の連関が出現する出来事であり、こうした連関の形成によって—つまり（相対的にではあれ）区切られることで—現下の「体験」と他の「体験」とは区別されるようになる。それゆえ、「体験」は特異なものとして主体の記憶に残るのである。これを「体験」における「特異性」のモメントと捉

えておこう。

(2) 社会化と超社会化という視点

次に、「体験」と「経験」の区別を、社会学に接続させるために、社会化と超社会化という視点を導入しよう。

社会化（socialization）とは「いまだ社会的ではない存在を、当該の社会の構成員にふさわしい存在に変えることによって、社会の存続・維持をはかる機能を指している」（亀山，2000：23）。すなわち、社会化という機能によって、社会は新たな成員を確保することができるし、個人は成員としての資格を得ることができる、というわけである。社会化によって、主体は当該社会で通用している知識や価値を学習する。たとえば、スポーツ界で言えば、先に述べたように、主体は「進歩」の観念や業績本位などの価値を身につけていくことになる。われわれの定義でいけば、こうした社会化の作用のもとで生ずる経験が「経験」である。

しかし、社会化の概念は2つの次元をうまく説明することができない[6]。1つ目は個性の次元である。先に述べたように、社会学ではアイデンティティは社会によって与えられる、と考える。それゆえ、「進歩」の観念に忠実であればあるほど人は自分という存在を実感できる、ということになる。実際、競争に勝てば勝つほど、自己は多くの他者と差異化され、個性は際立ってくることだろう。しかし、自己と他者の区別による個性は個性の片面しか説明していない。というのは、個性とは「個人の特異性」の表現である、とも言えるからだ。他方、2つ目は創造性の次元である。創造とは、通常、新しいものが生まれることである。しかし、社会化によって創造が生じるわけではない。先に述べたように、反復練習によって（必然的に）「できる」ようになるわけではない。確かにそれは必要条件ではあるが、われわれは（偶然的に）「できる」ようになるのだ。要するに、われわれの用語でいけば、社会化の概念は「体験」を「経験」に還元してしまっているのである。

こうした社会化の概念における欠陥は、この概念が社会を前提とする概念であるという点に由来する。そこで、超社会化（trans-socialization）という概念が必要とされるのである（亀山，2000：36）。超社会化とは、社会化の作用を超

えてゆく作用であり、われわれの文脈では主体が「体験」に導かれることである。しかし、「体験」に導かれる前に、そもそも「体験」は何によってもたらされるのであろうか。その力として、ここではベルクソンの言う「生命の躍動力」(élan vital)を想定しよう。ベルクソンによれば、社会なるものは「生命の躍動力」（＝創造的エネルギー）が物質の障害に出会って旋回している状態である。とするならば、この旋回状態の中に主体は存在しているということになるだろう。ここで重要なのは、ベルクソンが社会（＝旋回状態）を2つに分けている—「閉じた社会」と「開いた社会」—という点である。「閉じた社会」とは、自らの外側にいつも外敵を想定し、その外敵から自らを防衛しようとする社会である。他方、「開いた社会」とは、自らの外側に外敵を想定せず、生命の創造的エネルギーが、一人の特異な人間を通して、成員の間に貫流している社会である（作田，1995）。

　「閉じた社会」と「開いた社会」という類型は抽象度が高く、分かりにくいかもしれない。しかし、「閉じた社会」の要点は自分の所属する集団と他の集団を区別するということである。そうすると、スポーツで言えば、「閉じた社会」とは、敵・味方に分かれ、勝敗をめぐって競っている状態のことであると言えよう。このとき、主体はスポーツを導く「価値」に従っている。つまり、彼は社会化の作用のもとにいるのだ。他方、「開いた社会」の要点は敵・味方の区別がなくなるということである。スポーツにおける「開いた社会」とは、たとえば、ある創造的プレーの出現によって、選手が、あるいはファンが、敵・味方関係なく、勝敗など忘れて目を奪われてしまっている状態のことである。そして、このときにもたらされる感動によって、「体験」が到来した選手はもちろん、周囲の人も社会化の作用から一時的に離脱させられる。つまり、彼らは超社会化の作用のもとにいるのであり、そのときの出来事は（記録ではなく）記憶に刻まれるのである。そこで、次のようにまとめておこう—社会化は「価値」（社会）にどれだけ忠実であるかを原動力としている。他方、超社会化は「体験」（生命）にともなう感動を原動力としている、と。

　社会化と超社会化は極限概念—ウェーバーの言う理念型—であり、両者は実際の経験において混じり合っている。それゆえ、われわれは、「社会化＞超社会化」のときの経験を「経験」、また「社会化＜超社会化」のときの経験を「体験」

と呼ぶこともできるだろう。この点を示しているのが図1である。図1は2つの二等辺三角形を合わせたものである。下に頂点のある三角形は社会化（「経験」）の領域を示しており、上に頂点のある三角形は超社会化（「体験」）の領域を示している。まず、直線A－Bを見てほしい。これは、「社会化＞超社会化」という状態である。この状態はいわゆる反復練習（＝「経験」）の状態であり、主体は「体験」の到来を実感しないだろう。しかし、「体験」の要素が全くないのかと言えばそうではない。少しであるが、やはり「でき

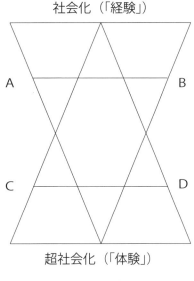

図1　経験の類別

た（かもしれない）」と感じるだろうし、「できる」ようになる予感のようなものはあるだろう。次に、直線C－Dを見てほしい。これは、「社会化＜超社会化」という状態である。この状態において、主体は「体験」の到来を実感するだろう。しかし、「経験」の要素が全くないのかと言えばそうではない。ある程度、自己と対象を区別する意識は残っているだろうし、それまで練習によって蓄積された身体動作は新しい仕方で生かされている、と考えるべきである。

3. 構成

　図2は本書の構成を示したものである。まず、本書の問題意識とは「体験」の擁護であった（①）。そしてこの問題意識は2つの主題を通して論じられる。1つはスポーツにおける病理現象はなぜ起きるのかという問題であり（②）、もう1つはそうした病理現象を乗り越えるコーチング方法とはどのようなものかという問題である（③）。具体的に言えば、②はアスリートバーンアウト（④）とアスリートにおけるキャリアトランジション問題を通して考察され（⑤）、

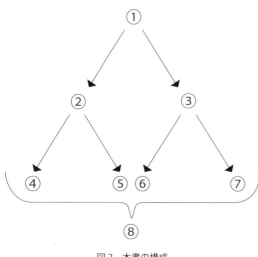

図2　本書の構成

③は身体感覚を重視するもの（⑥）と飛躍体験を重視するもの（⑦）を通して論じられる。そして、こうした諸問題に答える中で、「体験の社会学」の意義についても明らかになる（⑧）、という次第である。

次に各章の概要を述べておこう。

第2章では、スポーツにおける病理現象の1つとして、アスリートバーンアウトの概念が考察される。まず、先行研究として、心理学と社会学におけるバーンアウト論が検討され、両者がともに外側からバーンアウトに迫っており、無用に概念が複雑になっていると指摘される。そして、この難点を克服するため、体験論の視点が導入され、バーンアウトの新しいイメージと内的論理が提起される。具体的に言えば、既存のバーンアウト研究は「消耗」のイメージと「直線の論理」に基づいているが、これに加えて、「くすぶり」（「空回り」）のイメージと「倒錯の論理」を付け加えるべきであると主張される。アスリートは「外的なもの」にエネルギーを注ぐことで「消耗」するが、その前には「体験」を「経験」の水準で追及するという捻じれた論理が存在しており、この論理によって「空回り」が生ずるのである。

第3章では、アスリートにおけるキャリアトランジション問題（引退時における心身の不調）が考察される。まず、先行研究として心理学における引退論が検討され、そこで採用されている社会化モデルでは「体験」の次元が捨象されてしまうと指摘される。たとえば、心理学では、「生きがいの喪失」という「体験」にかかわる問題が単なる「社会的不適応」として扱われてしまうのである。そこで、超社会化の概念が導入され、社会化と超社会化の2つの次

元を含んだ新しいモデル（人間学モデル）が構築される。そして、引退過程が「順路型」と「ショートカット型」に区別され、「ショートカット型」の場合、選手は心身の不調に陥ると指摘される。「ショートカット型」では「ケリをつける体験」が不十分であるため、社会化の次元と超社会化の次元がズレてしまうのである（「新しい役割に適応しているが生きがいは持てない」という状態）。こうして、キャリアトランジション問題は「社会的不適応」の問題ではなく「ケリ」の問題である、と主張されることになる。なお、こうした主張の妥当性は日本野球独立リーガーの事例を通して検証される。

　第2章と第3章の考察によって、スポーツにおける病理現象の主因が突き止められる。それは、競技スポーツがその構造において「体験」の次元を捨象しているという点である。たとえば、競技スポーツを導く業績主義は、必然的に「転倒の論理」を導くし、「ケリ」がつくのを待ってくれることはないのだ。そこで、われわれは「体験」を重視するコーチング方法について検討していくことになる。

　第4章では、身体感覚（「身体の特異性」）を重視するコーチングが考察される。まず、ガルウェイのコーチング論を通して、社会化のコーチング（＝強制）と超社会化のコーチング（＝育成）の内実が示される。そして、身体感覚を重視するコーチングとして、結城匡啓のコーチング方法が検討され、その方法の究極である「潜り込み」（身体感覚の直接的把握）の重要性が指摘される。しかし、「潜り込み」の説明は記述的であり、結城にしかできない方法と解される可能性がある。そこで、ポランニーの「潜入」の概念とベルクソンの「直観」の概念が援用され、「潜り込み」はコーチングの基礎として位置づけられることになる。コーチが選手の心身の状態を把握できていなければ、適切なタイミングでアドバイスすることなど不可能である。では、いかにして把握できるのか、この点をここでは追求するのだ。

　第5章では、飛躍体験（「身体の偶然性」）を導くコーチングが、「コツ体験」（「コツ」をつかむという「体験」）の構造と誘発という観点から考察される。まず、「コツ」と「カン」の語義が検討され、「コツ」と「カン」と「コツ体験」の関係について見通しが立てられる。次に、先行研究として黒田亮の立体心理学が検討されるが、彼の議論は現象の記述にとどまっており、「飛躍体験」を捉え

ることは困難であると指摘される。そこで、ベルクソンの記憶論と「動的図式」の概念が導入され、「コツ体験」を構造的に捉える理論枠組が構築される。続いて、弓道の阿波研造の指導法が検討され、「飛躍体験」を導くコーチングのスタンス(「待つ」こと)、目的(「飛躍体験」の誘発)、方法(「模範演技」「わざ言語」「魂の指導法」)が示される。

終章では、本論の展開をまとめた上で、「体験の社会学」の意義が示され、残された課題が示される。

【第1章注釈】
1) 文化装置(cultural apparatus)とはかつてミルズによって提示された概念である。彼によれば、人間の経験は、それ自体として存在するのではなく、すでに「経験そのものがステレオタイプ化した意味によって選択され、そして既成の解釈によって形づくられる」。文化装置とはこうした「解釈の枠」を提供する装置―彼の言葉では「人類のレンズ」―のことであり、われわれに「われわれの確実性の基準、われわれの真実性の確定、われわれの感受性の型」を与えるものである(Mills, 1963=1971：322-323)。たとえば、ギアーツは、バリ人の「闘鶏」を分析する中で、それがバリ社会の文化的反映物であり、それを通してバリ人はバリ社会を深く体験し、バリ人としてのアイデンティティを確認すると指摘している。つまり、「闘鶏」はバリ社会の文化装置なのである(Geertz, 1973=1987)。
2) 作田啓一は、「普遍主義―個別主義」と「業績本位―属性本位」という2つの型の変数をクロスさせて4象限を作り、業績価値(普遍主義+業績本位)、貢献価値(個別主義+業績本位)、和合価値(個別主義+属性本位)、充足価値(普遍主義+属性本位)という価値の4類型を構想している。近代社会はもちろん業績価値だけで動いているのではない。しかし、近代社会は業績価値を一番重視する社会として位置づけられている(作田, 1972：84-91)。
3) たとえば、蓮實(2004)、稲垣・今福・西谷(2009)、三浦(1994)を参照。なお、次節はこの3つの著書を筆者なりに咀嚼して整理したものである。
4) 生の直接性を重視するもう1つの立場は現象学である。現象学とは、現象学的還元によって超越論的主観性(知覚世界を私にとって可能にするような私)を設定し、世界の意味が現れる原初的な場面、つまり意識の志向性の在り方を記述する学である。そして生の哲学との差異は次のように描かれる。「現象学は、世界に対する特権的で超越論的な光源を現れの純粋性のために確保する。ところがベルクソンの哲学において、世界ははじめから純粋な光の場面であり、そこにどのように内在するのかが方法論上の問題になる」(檜垣, 2000：16)。われわれとしては、差し当たり、現象学が「意識の志向性」(意味)を重視するのに対して、生の哲学は「生の流動性」(生命)を重視する、と理解しておこう。
5) 「体験」と「経験」は、ドイツ語では「erleben(体験する), Erlebnis(体験)」と「Erfahrung

（経験）」というふうに区別されている。ただ英語では「体験」に相当する語はなく、「experience（経験）」に含まれる。それゆえ、「体験」のニュアンスを伝えるために「lived experience（生きられた経験＝体験）」と表記される場合もある。ディルタイは、一般に、「体験」の概念を精緻化したと言われているが、その概念の展開は錯綜しているようである（Bollnow, 1955=1977）。しかし、「体験の社会学」を標榜する限り、われわれはいずれ厳密に検証しなければならないだろう。

6) 亀山（2000：26-33）は、社会化のアポリアを詳細に検討している。ここでは、本書に必要な要素だけを筆者なりに整理して記述している。

第2章
アスリートバーンアウトの概念

はじめに

　スポーツにおける病理現象の1つとして、アスリートバーンアウト・シンドローム（燃え尽き症候群）―以下バーンアウトと略す―を取り上げ、特にその概念について考察してみよう。バーンアウトの概念は、実は今日まであいまいであり、「体験」の視点を入れることでより明確になるのではないか、と考えるからである。

　バーンアウトとは、1970年代以降、ヒューマン・サービス職（たとえば看護師や介護士）の増加とともに広がってきた精神医学上の病理現象であり、意欲的に仕事をしていた人が、急に「燃え尽きた」ようになってしまう状態を指している。たとえば、Freudenbergerによれば、バーンアウトとは人が自分自身に対して「実現不可能な期待」を課し、それを達成するために「がんばりすぎ」て、「体力、精神力の源泉を消耗」してしまった状態である。ヒューマン・サービス職において要求されることは質・量ともに多く（社会的特性）、またその従事者は概して真面目で理想主義的な性格の持ち主である（個人的特性）。しかし、彼らの努力は必ずしも―たとえば金銭や尊敬という形で―報われるとは限らないのである（Freudenberger, 1980=1981：11-38）。

　他方、1980年代後半以降、バーンアウトの概念はアスリートにも適用されはじめる。アスリートを取り巻く状況はヒューマン・サービス従事者のそれと類似しており、同じような症状を呈する、と考えられたのである。たとえば、吉田によれば、「競技者におけるバーナウト（バーナウト概念を競技者に適用した場合）とは、生活上で競技以外に楽しみを持たないような競技者が、競技上の理想を求めて献身的に頑張ったのだが、そこでの諸条件により、情緒的な

第2章　アスリートバーンアウトの概念

消耗、無力感、他者への敵意などの症状を呈するようになった状態である」（吉田，1989：184）。一般に、アスリートは、競技水準が高くなればなるほど、過剰なプレッシャーにさらされ、成果を出すためにストイックに取り組むようになる。しかし、そうした彼らの努力が報われるかと言えば必ずしもそうではないのである。

　こうした概念規定によって、バーンアウトのイメージはある程度つかめることだろう。しかし、バーンアウトの定義としてはいささか長く、複雑なものとなっている。では、もっと簡潔に、たとえば「長期的ストレスに対する1つの反応である」（Smith, 1986：39）と定義すれば良いのかと言えばそうとも言えない。このような定義では、バーンアウトの固有性を表現することは難しいからである。ところで、吉田は、別のところで、バーンアウトは「『燃え尽き』といった言葉とは裏腹に、不完全燃焼、換言すればくすぶった状態を意味している」（吉田，1989：184）と指摘している。すなわち、バーンアウトとは、「燃える」ことも「燃え尽きる」こともできない「くすぶり」の状態である、というのだ。筆者には、この概念規定の方が、バーンアウトの本質を突いているように思われる。もし完全燃焼できたとすれば、アスリートは、バーンアウトどころか、むしろ清々しい気持ちになるのではないだろうか。

　バーンアウトの概念について考察するにあたり、まず既存のバーンアウト研究を検討してみよう。その際、便宜上、学問的パラダイムの観点を採用し、心理学系パラダイム、社会学系パラダイムという順序で検討していくことにしたい。そして、その上で、「体験」の次元を導入し、バーンアウトの再解釈を試みることにしよう。

1. 心理学系パラダイム

　心理学系パラダイムから始めよう。ここでは主要な2つのモデル―ストレスモデルとコミットメントモデル―を検討したい。

(1) ストレスモデル

　ストレスモデルの代表は、Smith (1986)の認知－情動モデル（cognitive-affective

model）である[1]。彼は、バーンアウトを「長期的ストレスに対する1つの反応である」（Smith, 1986：39）とラフに規定し、ストレスに関する理論枠組をバーンアウトに適用しようとする。

　Smith（1986）によれば、ストレスに関する理論枠組は6つの項目を含んでいる。第1項目は「状況」で、これは資源と要求によって構成される項目である。資源とは個人にとって利用可能なものであり、要求とは個人に対して外的な強制力を有するものである。そして、両者のアンバランスな状態によって、人はストレス状態に陥る、とされる。次の第2項目は「状況」に対する主体の「認知的評価」で、これは資源と要求についての評価に加え、要求に対処できなかった場合の評価を含む項目である。また、第3項目はこうした「認知的評価」とともに現れる「生理学的反応」で、主体は生理学的な症状を通して、自分の心身の状態に気づき、「状況」に対して「評価－再評価」を繰り返すようになる。そして、こうした反復運動のアウトプットとして「対処行動」（第4項目）が出てくることになる。なお、第1項目〜第4項目は、「パーソナリティ」（第5項目）と「動機づけ」（第6項目）によって影響を受ける、とされる（Smith, 1986：39-42）。

　以上の理論枠組は、一見すれば、かなり複雑である。しかし、人がどのような「状況」で、どのような「心理学的・生理学的過程」を経て、どのような「行動」へと至るのかについて細かく捉えようとしているだけである。そこで、こうした点をふまえ、バーンアウトの過程を辿ってみよう。図3を見てほしい。スタート地点は左端の「状況」である。アスリートは、通常、他者との競争に「勝つこと」を求め、また求められている。しかし、こうした競争主義的状況そのものがバーンアウトを発症させるわけではない。そうではなく、バーンアウトにつながる「状況」とは「高い要求＋低い資源」によって構成される状況である。アスリートは、こうした「状況」に対し、自分には対処できないほどの要求が課されていると感じ、無力感を抱き、スポーツ活動の価値に対して疑問を抱くようになっていく。また、こうした「認知的評価」とともに、「生理学的反応」として、疲労・不眠症といった身体的症状、あるいは緊張・イライラ・憂鬱といった心理的症状が現れ、「評価－再評価」の反復運動を通して―当然「悪循環」であろう―総じて心身の不健康が進行していく。そして、その結果、

第 2 章 アスリートバーンアウトの概念

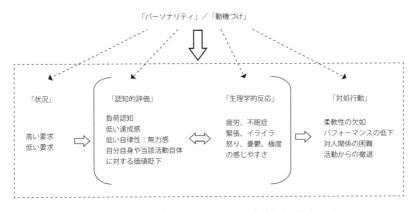

図 3 ストレスモデル（Smith1986:40 を簡略化して筆者再現）

　アスリートは思考と行動の柔軟性を喪失し、パフォーマンスの低下、対人関係における困難、スポーツ活動からの撤退といった「対処行動」へと至ることになる（Smith, 1986：42-43）。なお、Smith は、「動機づけ」についてはほとんど言及しないが、「パーソナリティ」についてはアスリートとしての能力の低さ、フラストレーションに対する耐性の低さ、抑うつ傾向といった特性を考慮すべきである、と指摘している（Smith, 1986：47）[2]。

　Smith（1986）のストレスモデルは、多くの要素を包含しており、バーンアウトの過程を細かく捉えるのに適している。しかし、このモデルは 2 つの問題を抱えているように思われる。1 つは、バーンアウトの定義についてである。彼はバーンアウトを「長期的ストレスに対する 1 つの反応である」とラフに規定していた。しかし、この定義でいけば、バーンアウトの内実である「反応」とは「第 1 項目から第 4 項目までの過程」を指すことになる。これでは、あまりに多くの要素を含み込むことになり、バーンアウトの固有性を規定することが難しくなるだろう。他方、もう 1 つは「パーソナリティ」と「動機づけ」についてである。彼によれば、両者は他の項目（第 1 項目〜第 4 項目）に影響を与える項目である。たとえば、主体の「パーソナリティ」や「動機づけ」によって、「状況」の捉え方は異なってくる。とするならば、両者はそもそもバーンアウトの「過程」に入るか入らないかを決定する項目（メタ項目）とし

29

て位置づけられるだろう。これらはストレスモデルにとって不可欠な項目であるが、あまりにも複雑になりすぎるため、ストレスモデルとは別に独立して論じるべきである、と思われる。

　以下、1つ目の問題については「症状」としてのバーンアウトという立場で答え、2つ目の問題については「コミットメントの型」としてのバーンアウトという立場で答えよう。

(2) 症状による定義と要因の特定作業

　「過程」としてのバーンアウトという立場では、バーンアウトの固有性に迫りづらい。そこで、多くの心理学者は「症状」による定義を採用してきた。というのは、心理学では、ある特定の症候群はある特定の諸症状の布置によって特徴づけられる、と考えるからである。

　バーンアウト研究の多くが依拠するのはMaslachらの定義で、バーンアウトとは3つの症状―「感情的消耗感」(emotional exhaustion)、「脱人格化」(depersonalization)、「個人的達成感の低下」(reduced personal accomplishment)―によって構成される症候群とされている。「感情的消耗感」とは「仕事を通じて、情緒的に力を出し尽くし、消耗してしまった状態」であり、バーンアウトの中核を占める症状とされる。また「脱人格化」とは「サービスの受け手に対する無感情で、非人間的な対応」のことであり、そして「個人的達成感の低下」とは「ヒューマン・サービスの職務に関わる有能感、達成感の低さ」のことである（Raedeke et al., 2009：10-11；久保，2004：26-28）。

　こうした定義は、見ての通り、ヒューマン・サービス従事者を想定している。そこで、アスリート用に修正して使用されることになる。たとえば、Raedeke et al.（2009）によれば、「感情的消耗感」はそれに身体的消耗感を付け加えることで適用可能である。次に「個人的達成感の低下」はアスリートとしての能力やパフォーマンスと関連づけることで適用可能である。最後に「脱人格化」は「ある特定の領域において重要である事柄について、その価値を引き下げたり（devaluation）、距離をとったりする（detachment）状態を指す」と解釈すれば適用可能である。すなわち、それは、アスリートが自分のパフォーマンスを気にかけなくなったり、スポーツに対して恨みを抱いたりする状態のことであ

る。そこで、バーンアウトは、「身体的・感情的消耗感」、「アスリート的達成感の低下」、「スポーツ価値の貶下」という3つの症状によって構成される症候群である、と再定義される（Raedeke et al., 2009：11-15）。

さて、バーンアウトが症状によって定義されると、今度はこうした症状をもたらす要因について探求されていく。たとえば、要因の項目で言えば、「動機づけ」、「楽しさ」、「自律性」、「不安」、「ストレスの知覚」、「対処資源」、「気分の状態」、「トレーニングの量」、「リカバリー」、「重要な他者」、「アイデンティティの在り方」といった具合である。そして、こうした要因と症状との関係について、「楽しさ」はネガティヴな相関（100％）、「自律性」はネガティヴな相関（100％）、「重要な他者」はポジティヴな相関（40％）とネガティヴな相関（60％）、「気分の乱れ」はポジティヴな相関（100％）というふうに測定し、どの要因が本質的かを探究していくのである（Goodger et al., 2007：137-139）。

症状による定義を採用することで、バーンアウトの固有性は一応担保される、と言えよう。しかし、今度は、症状をもたらす要因が細分化され、バーンアウトはまたもや複雑な現象として現れてくる。実際、現在に至るまで、バーンアウトの普遍的定義は確立されておらず（Weinberg et al., 2011：495-496）、相関関係の分析も常識の数値化の域を出ていないように思われる。つまり、「症状」としてのバーンアウトという立場も、ある種の限界を有しているのだ。

（3）コミットメントモデル

次に、「過程」としてのバーンアウトを引き起こすメタ項目について、ここでは「動機づけ」の問題に絞り、コミットメントモデルを検討しておこう。

コミットメントモデルの代表は、Schmidt et al.（1991）である。まず、彼らは、Kelley（1983）の議論をもとに、コミットメントの型を大きく2つに区別する。Kelley（1983）によれば、ある親密な関係性を分析的に捉えるためには、主体がその関係をポジティヴなものと見なしているか否か、またその関係性に安定性（持続性）を求めているか否かという2つの軸を考慮する必要がある。図4はこの2つの軸を交差させ、4つの象限を作ったものであり、「愛」はポジティヴなものの別名（楕円の部分）、「コミットメント」は安定性の別名とされる（長

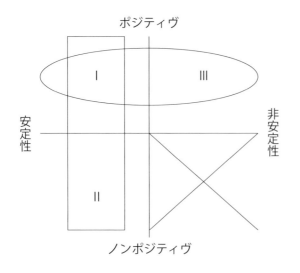

図4　愛とコミットメント
（Kelly1983:266を若干変形して著者再現）

方形の部分）（Kelly, 1983：266-267）。各象限を説明しておこう。Ⅰの象限は主体がその関係に引きつけられており、しかも安定性を求めている状態である（たとえば「持続する愛」）。またⅡの象限は主体がその関係に引きつけられていないけれども、安定性は求めている状態である（たとえば「子どものために離婚しない夫婦」）。そしてⅢの象限は主体がその関係に引きつけられているけれども、安定性に乏しい状態である（たとえば「一時的な恋の病」）。そこで、この類型をスポーツの文脈へ適用すると、スポーツコミットメントはスポーツへの持続的参与として規定できる（長方形の部分）。そして、愛を楽しさの概念的等価物と考えるなら、スポーツコミットメントは「楽しさ」に基づいて参与を続ける場合（Ⅰ）と「楽しさ」以外の理由に基づいて参与を続ける場合（Ⅱ）に大別することができる（Schmidt et al., 1991：257-259）。

次に、Schmidt et al.（1991）は、Rusbult（1983）の投資モデルを援用して、バーンアウトの内実に迫っていく。Rusbult（1983：110-111）は、報酬・コスト・満足・他の選択肢・投資といった項目について（被験者の）意識の変化を調べ、3つの型—関係維持者（stayers）、自発的撤退者（leavers）、非自発的撤退者（who ware abandoned）—を提示している。そこで、Schmit et al.（1991）は、この3つの型をスポーツの文脈へ適用し、関係維持者を「スポーツエンジョイメント」、自発的撤退者を「ドロップアウト」、非自発的撤退者を「バーンアウト」と規定するのである。具体的に言えば、「スポーツエンジョイメント」は、報酬（高）

第 2 章　アスリートバーンアウトの概念

＋コスト（低）＋満足（高）＋他の選択肢（低）＋投資（高）という組み合わせ、また「ドロップアウト」は報酬（減）＋コスト（増）＋満足（減）＋他の選択肢（増）＋投資（減）という組み合わせ、そして「バーンアウト」は報酬（減）＋コスト（増）＋満足（減）＋他の選択肢（低）＋投資（高）という組み合わせによって特徴づけられる型である。

　以上の類型は、極めて雑多な印象を受けるかもしれない。そこで、「バーンアウト」について、他の型と比較して考えてみよう。まず、「スポーツエンジョイメント」と「バーンアウト」を比較すると、前者は投資と満足がともに高いスコアなのに対して、後者では投資は高いのに満足は低くなっていることに気づく。次に、「ドロップアウト」と「バーンアウト」を比較すると、前者は他の選択肢に対する関心が高まり、それに合わせて現在の活動への投資が減っていくのに対し、後者では他の選択肢に対して関心を抱かず、しかも投資は高いままである（Schmidt et al., 1991：257-261）。このように考えると、「バーンアウト」とは高い投資をしているにもかかわらず、満足感は乏しく、また他の選択肢に関心を示さず、現在の活動にはまりこんでいる状態である、と言えよう。なお、図2との関連で言えば、「スポーツエンジョイメント」はⅠの象限の内実として、また「バーンアウト」はⅡの象限の内実として位置づけることができる。

　ところで、現在の活動にはまりこんでしまうのは、すでにその活動に多くの投資をしているからである。高い投資は、現状に満足していなくても、あるいは他の選択肢があったとしても、現在の活動を続けるよう人を暗黙的に導いていく。というのは、投資したコストは、将来、利益となって戻ってくるはずであり、もし過去に利益を得たことがあれば彼の（投資の見返りへの）期待はさらに膨らむからである。つまり、人は、投資と依存の相乗効果によって「エスカレートコミットメント」（escalating commitment）に陥っていくのだ（Schmidt et al., 1991：261）。そして、こうした「はまりこみ」の要素を重視すれば、バーンアウトは次のように規定できるだろう―すなわち、スポーツコミットメントの型は「したい」（want to be involved）か「しなければならない」（have to be involved or entrapment）かであるが、そのうち後者の型、すなわちスポーツに本当はかかわりたくないのに、様々な理由（たとえば投資）によってかかわら

33

なければならないと思わされてしまう事態こそ、バーンアウトをもたらすコミットメントの型である（Raedeke, 1997：396-397)、と。

　以上で、心理学系パラダイムの検討を終わろう。心理学系パラダイムは、バーンアウトを「過程」として、また「症状」として、そして「コミットメントの型」として捉え、それぞれの立場によってバーンアウトに迫ろうとしていた。実際、バーンアウトは1つの「過程」として進行し、ある「症状」を構成するに至る。そして、こうした「過程」と「症状」は「コミットメントの型」によって影響を受けるのである。このように考えれば、これらの立場は、心理学系パラダイムにおいて相互補完的であり、バーンアウトの概念はすべての立場を含むものとして想定されるだろう。それは、たとえば、次のように示されるはずである―すなわち、「バーンアウトとは、アスリートのスポーツコミットメントの型が『したい』ではなく『しなければならない』に基づいており、それゆえ所与の状況をストレスとして認知してしまい、『評価－再評価』の悪循環を経由して、最終的に3つの心理学的症状―身体的・感情的消耗感、個人的達成感の低下、スポーツ価値の引き下げ―を引き起こす病理現象である」、と。

2. 社会学系パラダイム

　社会学系パラダイムに移ろう。ここでは、2つの主要モデル―社会的権力モデルと役割葛藤モデル―を検討したい。

(1) 社会的権力モデル

　社会的権力モデルを提起したのはCoakley（1992）である。彼によれば、「バーンアウトとは一連の社会関係に基礎づけられた1つの社会現象である。そしてその社会関係とはアスリートを無力化してしまうような社会関係のことであり、そこではアスリートは次のような認識を持つまで無力化する―すなわち、彼は、スポーツ参与は自分自身の発達を阻害しており、もはや自分自身の生を有意義にコントロールすることができない、と感じるのだ」（Coakley, 1992：272-273）。この定義を単純化すれば、バーンアウトとは、一連の社会関係によってアスリートが無力化された状態である、となるだろう。そこで、ここでは、

第 2 章　アスリートバーンアウトの概念

この定義を 2 つに分けて検討してみよう。1 つは「一連の社会関係」とはどのような社会関係なのかという問題であり、もう 1 つはアスリートはどのようにして「無力化」されていくのかという問題である。

「一連の社会関係」とは、アスリートを「一次元的アイデンティティ」（unidimensional identity）の持ち主にするような社会関係である。通常、人は、複数の社会関係を通して、複数の社会的役割を取得し、「複合的アイデンティティ」（multiple identities）を有するようになる。しかし、アスリートは、競技水準が高くなればなるほど、スポーツだけにコミットし、社会経験といってもスポーツに関連した経験に限定されてしまう傾向がある。こうしたコミットメントの限定は、アスリートの意志による場合もあるし、周囲の人間（たとえば親やコーチ）の要求による場合もある。しかし、Coakley（1992）によれば、アスリートも周囲の人間も、いわば「権力の罠」に巻き込まれており、暗黙的に選択肢を限定されている。たとえば、アスリートがアスリートとして生きるという選択した瞬間、周囲の人間は、たとえば目標を設定するという仕方で、アスリートへの支配力を行使しはじめる、というのだ。では、こうした「権力」の行使者とは誰なのか。Coakley（1992：272）は、その行使者を「ハイパフォーマンススポーツ組織」であると断じる。繰り返せば、アスリートや周囲の人間がパフォーマンスの向上を求めた（まさにその）瞬間、「ハイパフォーマンススポーツ組織」はその「権力」を暗黙的に行使しはじめるのだ。要するに、「一連の社会関係」とは「ハイパフォーマンススポーツ組織」の権力作用によって暗黙的に限定された社会関係であり、その結果として「一次元的アイデンティティ」が構成される、というわけである。

次に、「無力感」について考えてみよう。「ハイパフォーマンススポーツ組織」の権力作用のもとで、アスリートは実際「無力」な存在である。しかし、「ハイパフォーマンススポーツ組織」は不可視的であり、アスリートは「無力感」を抱く前に「アンビバレントな感情」に苦しむという。たとえば、アスリートは自分の経験に関して、「身体的技能を発達させる機会を持てたこと、あるいは同級生の誰もが有さない経験ができたことを幸運であったと感じるが、他方で同級生の誰もが有しているはずの経験はできなかった」と語る（Coakley, 1992：275-278）。あるいは、アスリートは「親のためにプレーしていたのでは

ない」と語りつつ、「自分の成功がどれだけ親を幸せにするかを知っていたので、失敗してがっかりさせたくなかった」(Coakley, 1992 : 278-280) と語る。アスリートは、通常の人間が経験するはずの経験を有することが難しい。しかし、それはスポーツのせいでもなく、周囲のせいでもなく、そして自分のせいでもない、と考えるのだ。要するに、アスリートは、自分を追い込んでくる相手が分からないまま、あるいはそれゆえに、「アンビバレントな感情」に苦しみ、徐々に「無力化」されていくのだ。

このように、社会的権力モデルは、バーンアウトを「権力による無力化」として一貫して把握する視点を提供してくれる。しかし、問題がないわけではない。それは、バーンアウトしないアスリートをどのように位置づけるのかという問題である。確かに、アスリートは、アスリートである限り、「ハイパフォーマンススポーツ組織」の権力作用にさらされる。その意味で、全てのアスリートはバーンアウトと全く無縁ではありえない。しかし、バーンアウトの可能性はあっても、全てのアスリートが現実にバーンアウトするわけではないだろう。つまり、社会的権力モデルは、バーンアウトしない可能性とその根拠について把握できないのだ。しかし、この点については後述するとして、先に、もう1つの立場を検討しておこう。

(2) 役割葛藤モデル

役割葛藤モデルの代表は吉田（1989，1992，1994）である。

吉田（1994 : 70）によれば、バーンアウトの過程は「競技への熱中→競技成績の停滞・低下→競技への固執→消耗」と定式化できる。まず、「競技への熱中」の段階において、アスリートは「ヒーローアイデンティティ」を形成する。すなわち、アスリートは、重要な他者（たとえば親やコーチ）からの役割期待に応える中で、社会的な成功体験を繰り返し、「高い自尊感情を有するヒーロー的競技者としてのアイデンティティ」を「真の自我」として自我の核心に置くようになるのだ。しかし、遅かれ早かれ「競技成績の停滞・低下」の段階がやってくる。この新しい状況に対して、これまでの「ヒーローアイデンティティ」は通用しない。そこで、これまでの「ヒーローアイデンティティ」と新しい役割期待との間に葛藤が生じてくる。吉田によれば、この葛藤状態にどのように

対処するかで、バーンアウトを発症するかどうかが決まる。選択肢は2つある。1つは「ヒーローアイデンティティ」に固執する道であり（バーンアウトの発症）、もう1つは新しい役割期待を受け入れる道である（バーンアウトの回避）（吉田，1994：71）。

「ヒーローアイデンティティ」に固執する道は、アスリートの態度によってさらに2つに分けられる。1つは新しい役割期待を拒否するものであり、もう1つは新しい役割期待から距離をとるものである。前者を選択すると、「ヒーローアイデンティティ」と新しい役割期待は鋭い緊張状態に置かれることになり、重度のバーンアウトを発症する。これに対して、後者は、新しい役割期待をある程度認めるが「ヒーローアイデンティティ」は保護するというどっちつかずの道であって、いわゆる「くすぶっている」状態へと至る（軽度のバーンアウト）（吉田，1994：71）。

他方、バーンアウトを回避する道とは、新しい役割期待を受け入れ、古い「ヒーローアイデンティティ」とは異なる新しい自我を形成する道である。吉田（1994：75-76）によれば、このとき重要になるのは積極的な主体性と（重要な他者の）情緒的な支えである。積極的な主体性とは主体の内省活動が活発化している状態のことであり、こうした主体性は概して（重要な他者の）情緒的な支えのもとで活性化してくるという。たとえば、恩師のちょっとした一言によって、自分が置かれている状況にふっと気づかされることがあるだろう。このとき、アスリートは、「ヒーローアイデンティティ」の呪縛から抜け出し、新しい視線で自分自身を見つめ直す。つまり、こうした「自我の社会性」の拡張によってバーンアウトは回避されるのである。

さて、以上の考察をもとに、吉田はバーンアウトを次のように定義する―すなわち、バーンアウトとは「真の自我にとって敵対的な役割期待を内面化した『Me（客我）』（問題状況的Me）に対して創発的内省性（問題状況的Meを修正、変更、再構成する働き）の源泉であり、真の自我から派生する『I（主我）』が、創発的内省性を発揮出来ずに反作用を起こして（抵抗して）いる状態である」（吉田，1992：642）、と。

この定義は複雑に見えるが、単純化すれば、バーンアウトとは「真の自我（『I』）と新しい役割期待（『Me』）の葛藤状態である」、ということである。

しかし、この定義には看過できない理論的問題が存在する。それは、創発的内省性の源泉が「真の自我から派生する『I』」とされている点である。そこでは、「真の自我」と「I」は異なるものであり、その上で「真の自我」から「I」が派生する、と考えられている。つまり、「真の自我」は「I」よりも広い概念とされている。しかし、この設定はむしろ逆ではないだろうか。すなわち、「I」の一部として「真の自我」を置くべきではないだろうか[3]。先述したように、「Me」と敵対する「真の自我」とは「ヒーローアイデンティティ」のことであった。とするならば、「ヒーローアイデンティティ」を乗り越える力（＝創発的内省性）は「ヒーローアイデンティティ」の外から、あるいはそのさらなる内からやって来る、と考えるべきである。そしてこうした力の場所こそ「I」なのではないだろうか。

　ところで、吉田は、別のところで、アスリートの動機づけについて、競技開始期には内発的動機づけ（たとえば競技活動そのものの楽しさ）が優位であるが、不断の競争にさらされるなかで、次第に外発的動機づけ（たとえば自尊心の満足）が優位になると指摘している（吉田, 1989）。この指摘を自我論に適用すれば、自我は「内発的動機づけに基づく部分」と「外発的動機づけに基づく部分」に分かれることになる。両者は動機づけの源泉を異にするという点で次元を異にしている。そこで、われわれは、「内発的動機づけに基づく部分」を「真の自己」（「I」）、「外発的動機づけに基づく部分」を「真の自我」（「ヒーローアイデンティティ」）と呼んで区別しておこう。このように考えれば、創発的内省性の源泉は「真の自己」（「I」）であり、その発動を妨げているのは「真の自我」（「ヒーローアイデンティティ」）である、と整理できるだろう。そこで、吉田の定義は次のように修正することができる―「バーンアウトとは『真の自我』（『ヒーローアイデンティティ』）と新しい役割期待（『Me』）の葛藤状態であるとともに、『真の自己』（『I』）と『真の自我』（『ヒーローアイデンティティ』）の葛藤状態でもある」、と。

　以上で社会学系パラダイムの検討を終わる。社会学系パラダイムは、バーンアウトを「権力による無力化」として、あるいは「役割葛藤」として捉え、やはりそれぞれの立場によってバーンアウトに迫ろうとしていた。しかし、両者の立場はある意味で相互補完的である。たとえば、「一次元的アイデンティテ

第 2 章　アスリートバーンアウトの概念

ィ」は、「権力」の作用によって暗黙的に構築され、その結果として「役割葛藤」が生ずるのだ。そこで、社会学系パラダイムの包括的定義を示せば次のようになるだろう——すなわち、「バーンアウトとは、アスリートが『ハイパフォーマンススポーツ組織』の『権力の罠』によって『無力化』された状態であり、その権力作用によって構築された『一次元的アイデンティティ』が、新しい役割期待（『Me』）に対して、また『真の自己』（『Ｉ』）に対して敵対している状態である」、と。

3.　体験論系パラダイム

　ここまで、心理学系パラダイムと社会学系パラダイムにおける主要モデルを検討し、両者におけるバーンアウトの概念を検討してきた。そこで気づくことは、各モデルはそれぞれの立場によってバーンアウトを捉えており、それらを加味しようとすれば、バーンアウトの概念は無用に複雑になってしまう、ということである。こうした複雑性は一概に悪いことであるとは言えない。しかし、バーンアウトに対して外側から様々な立場を通して迫るのではなく、内側から直観的で単純なイメージと内的論理で迫ることもまた必要であろう。そこで、われわれは、こうした複雑性を回避するために、いくつかのモデルを選定し——もちろん他のモデルを軽視して良いという意味ではない——、バーンアウトの再解釈を試みてみよう。

(1)　体験論の視点

　体験論系パラダイムとは、「体験」（「超社会化」）の次元と「経験」（「社会化」）の次元を峻別する立場である。そこで、この立場と親和的なモデルの1つとして、心理学系パラダイムの中のコミットメントモデルを採用しよう。一見して分かるように、このモデルの提起した、「したい」（「スポーツエンジョイメント」）と「しなければならない」（「バーンアウト」）の区別は、われわれの立場とほとんど同じである。しかし、相違点もある。それは、コミットメントモデルが何より「個人の意識」を重視するのに対して、われわれは何より「体験」と「経験」の差異を重視する、という点である。たとえば、コミットメン

トモデルにおいて、「したい」か「しなければならない」かは、あくまで「個人がどう思っているか」によって判定される。これはこれで1つの立場であり、心理学のディシプリンに従うものである。しかし、この考え方では、「個人の意識」にすべての認識が還元されてしまい、そうした認識を抱くにいたった根拠を捉えることができない。他方、われわれは、「したい」と感じる根拠は「体験」にともなう感動にある、と端的に答える。あるいは、「しなければならない」と感じる根拠は、後述するように、「体験」の「経験」への転倒にある、と考えるだろう。「体験」と「経験」の差異という視点を導入すれば、「個人の意識」を越える、あるいはその根拠を捉えることができるのである。

　次に、社会学系パラダイムでは役割葛藤モデルを採用しよう。このモデルは、「真の自己」（「Ⅰ」）と「真の自我」（「ヒーローアイデンティティ」）を区別しており、前者は「体験」の水準における自我として、また後者は「経験」の水準における自我として位置づけられるからである。しかし、吉田の議論において、「真の自己」と「真の自我」をめぐって、ある種の混乱が生じていたことを軽視してはならない。もし、この混同を放置すれば、彼の議論は社会学的な意味での役割葛藤の概念に還元されてしまうからである。すなわち、「真の自己」を置くことではじめて、「真の自我」と「新しい役割期待」の葛藤とともに、「真の自己」と「真の自我」の葛藤が射程に入ってくるのだ。存在論的に言えば、前者は、そこで葛藤する項目がどちらもその起源を同じくしている—「社会」の水準—ので、いわば水平的な対立として位置づけられる。これに対して、後者は、そこで葛藤する項目がその起源を異にしている—「体験」の水準と「社会」の水準—ので、いわば垂直的な対立として捉えられるだろう。なお、社会的権力モデルは「社会が個人をコントロールする」という構図に基づいており、その設定において「体験」の水準は捨象されている。すなわち、この構図は社会の支配を免れる次元をそもそも想定していないのであり、その意味でバーンアウトの回避について捉えることもできないのである。

　このように考えれば、「体験」という視点は重要な理論的意義を有している、と言えよう。繰り返せば、「体験」と「経験」の峻別によって、「個人の意識」の根拠が射程に入り、また両者の対立について捉えられるようになる。そして、バーンアウトの回避についても射程に入ってくるのだ。ところで、「体験」

第2章　アスリートバーンアウトの概念

を重視するのはわれわれだけではない。かつて社会的権力モデルを提起したCoakleyも、近年、「体験」を重視しはじめているのだ。この点を確認し、われわれの主張を補強しておこう。

　Coakley（2009）は「個人の才能はいかにして展開されるか」という問題について考察し、2つの条件が必要であると指摘している。1つは外的条件であり、これは社会的・経済的な面でアドバンテージを有していること、また多くの機会に恵まれていることなどを指している。しかし、彼によれば、こうした外的条件は必要条件であって十分条件ではない。では、十分条件とは何なのか。それは、アスリートの情熱（passion）とそれに基礎づけられたハードワークにほかならない（もう1つの条件）。アスリートの情熱は周囲の叱咤激励や社会組織によるコントロールに由来するものではない。そうではなく、アスリートの情熱は、幼少期における自由で創意工夫に溢れた「遊び体験」とそこで湧いてくる「喜びの感情」に由来する、というのだ。アスリートは、10代半ば以降、スポーツに専門的にかかわるようになり、コーチから与えられる計画的練習を通して特殊な身体的技能を習得し（internalization）、心の中に「インナーコーチ」（inner coach）を形成していく。こうした過程は、コーチや親の強制による場合もあれば、アスリートの情熱による場合もある。しかし、アスリートが情熱に基づいて、経験の質を拡張したいと望むときにだけ、才能は花開くのだ（Coakley, 2009：38）。

　Coakley（2009）によれば、こうした個人の「自律性」や「創造性」が阻害されるとき、バーンアウトのリスクは高くなる（=「権力による無力化」）。しかし、「彼ら自身の考え方でスポーツを捉えたり、彼ら自身のペースで技能を発達させたり、挑戦したりするとき、また非公式に多くのスポーツを楽しんだ体験を有しているとき」、バーンアウトのリスクは小さくなる（Coakley, 2009：39-40）。われわれの用語で言えば、アスリートの情熱が、超社会化（「体験」）を志向していればバーンアウトは生じにくく、社会化（「経験」）を志向していればバーンアウトは生じやすくなる、となるであろう。このように、われわれの立場は、バーンアウト研究の文脈において―少数派ではあれ―格別特異なものではないのだ。

(2) バーンアウトの再解釈

次に、バーンアウトの概念を再解釈してみよう。ここでの目論見は、先述したように、バーンアウトを直観的で単純なイメージで捉え、その内的論理を探ることである。この点で言えば、多くの論者は「症状」としてのバーンアウトを暗黙的に受け入れているように思われる。バーンアウトとは何かと考えたとき、身体的・感情的な「消耗」のイメージを避けることは難しい。1つのことに打ち込み、その結果として「消耗」する。こうした「消耗」のイメージは「燃え尽きる」という言葉からして自然に湧いてくる。他方、本章の冒頭で示唆したように、バーンアウトには「くすぶり」のイメージが付きまとっている。そして、このイメージについて、吉田は軽度のバーンアウトと呼び、重度のバーンアウト(これは「消耗」のイメージに支配されている)と区別していた。しかし、ここでは、重度/経度といった程度の観点ではなく、論理の観点から、それぞれのイメージを考察してみよう。

まず、「消耗」のイメージについて考えてみよう。先述したように、バーンアウトのリスクが高まるのは、アスリートの情熱が、超社会化ではなく、社会化を志向するときであった。これは、彼の情熱(エネルギー)が「逸れていく」ということである。では、どこに逸れていくのであろうか。コミットメントモデルを思い起こそう。そこでは、バーンアウトとは「しなければならない」という「コミットメントの型」とされていた。このとき、主体は当然「何かにさせられている」と感じるだろう。この「何か」は、個人にとって外在し、拘束性を有しているという意味で、少なくとも「外的な基点」である。では、この「何か」の中身は何なのだろうか。それは、投資モデルで言えば「投資の見返り」のことであろう。また、社会的権力モデルで言えば「ハイパフォーマンススポーツ組織」のことであろう。そして、役割葛藤モデルで言えば「過去の栄光」のことであろう。つまり、バーンアウトでは、アスリートの情熱が、超社会化の水準を離脱し、「何か」―社会化の水準―へと「逸らされている」のである。そして、アスリートは「何か」を求めて情熱を注ぎ、その結果として「消耗」する(使い果たす)のだ。このように考えれば、「消耗」のイメージは、「何か」を設定し、それを一心に求めるという意味で、いわば「直線の論理」によって

支えられている、と言えよう。

　次に、「くすぶり」のイメージに移ろう。このイメージは、吉田が指摘したように、何らかの「葛藤」の要素を含んでいる。では、どのような葛藤なのだろうか。たとえば、アスリートが「過去の栄光」を追い求める場合を考えてみよう。このとき、彼は「自分はまだ（あのときと同じように）プレーできるはずだ」と考える。しかし、この思考は根本的に倒錯している。説明しよう。彼は確かにかつての「体験」を志向している。しかし、彼が求めているのは「体験」の回復であって更新ではないという点に注意すべきである。「体験」の回復を求める時点で、彼はかつての「体験」を実体化し、「何か」の場所にその「体験」を置いてしまっているのだ。「体験」は本来「何か」として求められる対象ではなく、試行錯誤の中で偶然的に到来する出来事である。とするならば、彼の情熱は、超社会化の軌道に注がれているように見えて、実は社会化の軌道に注がれているのだ。この構図のもとでは、彼のもとに「体験」は到来しづらい。にもかかわらず、彼は「体験」の到来を望んでいるのだ。逆に言えば、彼は「体験」の到来を望むが、彼が採用する構図は「体験」が到来しづらい構図なのである。この時、アスリートの情熱はどのようなイメージで捉えられるだろうか。確かに彼は「消耗」していくだろう。しかし、この倒錯した論理は何より「くすぶり」のイメージ—エネルギーの運動という観点で言えば「空回り」のイメージとも言えよう—を呼び寄せてくる。なぜなら、彼は手に入らないものを手に入れようとしているのだから。つまり、バーンアウトするアスリートは「くすぶり」（「空回り」）を経由して「消耗」していくのだ。

　この知見を補強するために、もう１つ、アスリートが「投資への見返り」を求める場合を考えてみよう。このとき、彼は「こんなに練習したのになぜ上達しないのか」と考えたり、「こんなに練習したのになぜ誰も認めてくれないのか」と考えたりするだろう。前者は、一見すれば、「体験」の更新を求めているように見える。しかし、「見返り」を求める時点で、彼は「体験」によって生成する「上達」を入手可能な対象として実体化し、「何か」の場所に「体験」（「上達」）を置いてしまっている。つまり、彼は「上達」を望むが、彼が採用するのはやはり「上達」しづらい構図なのだ。他方、後者は、「体験」の更新ではなく「他者の承認」を求めている。彼はおそらく「体験」が更新され

ないことで、その「努力の見返り」として「何か」の場所に「他者の承認」を置いたのであろう。しかし、スポーツ界とはそもそも努力ではなく、パフォーマンスを向上させ、成果を上げることではじめて評価される場所ではなかったか。その意味で、彼は「他者の承認」を望むが、彼が採用する構図は「他者の承認」を得られない構図なのだ。ところで、彼はアスリートである限り、たとえ努力を評価されても満足することはできないであろう。その意味で、彼は入手できても満足できないものを求めているのだ。このように、「投資への見返り」を求める場合も、アスリートは倒錯した論理を採用しているのであり、まさに「くすぶり」（「空回り」）の状態に陥るのである。

　さて、われわれは、「消耗」のイメージの根底に「直線の論理」を見出し、「くすぶり」（「空回り」）のイメージの根底に「倒錯の論理」を発見した。では、「くすぶり」（「空回り」）と「消耗」はどのような関係にあるのだろうか。もしバーンアウトを終点に置くとすれば、すなわち「直線の論理」でいけば、「くすぶり」（「空回り」）は「消耗」へ至る中間段階として位置づけられるだろう。しかし、この見方では「くすぶり」（「空回り」）が「消耗」に還元されやすくなり、その重要性を見落としてしまう可能性がある。実際、論理という点で言えば「直線の論理」よりも「倒錯の論理」の方が本質的なのであり、バーンアウトの理解にとって「くすぶり」（「空回り」）は欠かすことのできない視点である。そこで、われわれは、バーンアウトを単に「消耗」として捉えるのではなく、「『くすぶり』（『空回り』）の過程における『消耗』である」と規定しよう。実際、人間は、ほとんどの場合、完全に「消耗」することはないだろう。完全な「消耗」は死あるいは廃人を意味するからだ。その意味で、「消耗」は「くすぶり」（「空回り」）の過程において何度でも繰り返されるのである。

おわりに

　本章では、スポーツにおける病理現象の1つとして、バーンアウトを取り上げ、特にその概念について考察してきた。われわれは、まず、先行研究として、心理学系パラダイムと社会学系パラダイムを検討した。しかし、そこで検討された各モデルはバーンアウトを外側から捉えるため、バーンアウトの概念

第 2 章　アスリートバーンアウトの概念

は無用に複雑なものとなってしまっていた。そこで、われわれは、いくつかのモデルを選択し、体験論系パラダイムの重要性について指摘するとともに、バーンアウトの主要イメージと内的論理を考察したのである。そして、われわれは、「消耗」のイメージと「直線の論理」だけでなく、「くすぶり」（「空回り」）のイメージと「倒錯の論理」を発見したのだ。

　では、バーンアウトはいかにして回避されるのだろうか。本章の知見をもとに答えれば、バーンアウトは「倒錯の論理」を廃棄し、アスリートを社会化から超社会化へと導くこと、すなわち「体験」を更新しつづけることで回避されると言えよう。というのは、多くの場合、「体験」の更新が滞ることで「倒錯」が生じる、と考えられるからである。ところで、「体験」は「偶然性」と「個人の特異性」といった要素を有しているのであった。そうすると、「体験」を更新するためには、（いつ到来するか分からない）「体験」を待たなければならず、また「個人の特異性」を重視するコーチングが求められることになる。しかし、スポーツにおける競争主義的状況は、こうした「体験」の到来を待ってはくれないだろう。あるいは「個人の特異性」は、名目上は重視されても、現実的には非効率的であるとして退けられてしまうかもしれない。しかし、バーンアウトを回避しようとすれば、われわれは「体験」を重視するコーチングを考案していくしかないのだ。では、こうしたコーチング方法とは具体的にどのようなものなのだろうか。しかし、この点を追求する前に、スポーツにおける病理現象をもう 1 つだけ取り上げておくことにしよう。

【第 2 章注釈】
1) 本章では取り上げないが、身体的ストレス（トレーニングストレス）とバーンアウトとの関連を扱った研究もある。そこでは、へばり（staleness）・オーバートレーニング・バーンアウトの概念的相違について考察されている（Silva, 1990）。しかし、ここでは、ストレスモデルの発端に位置し、また多くの研究が依拠しているという点で、smith（1986）の議論を検討するにとどめたい。
2) パーソナリティ特性に関してはメランコリー親和型性格・執着性格とほぼ合致するという見解もある（岸・中込，1989：236-237）。
3) ミードの提起した「Ｉ」の概念について、筆者は作田（1993：50-52）の解釈を念頭に置いている。作田によれば、定着のパースペクティヴでいけば、「Ｉ」は 2 つの解釈しか成り立たない。1 つは「Ｉ」を生物的・生理的レベルに位置づけるものであり、もう 1 つは自我全体から「Me」を除く残余と見なし、個人的差異をもたらす一種の

45

「屈折装置」として位置づけるものである。しかし、作田によれば、ミードの主張したかったのは、「Ⅰ」を生成のパースペクティヴで捉えること、すなわち人間の自発性や創造性の表現として位置づけることである。比喩的に言えば、「Ⅰ」とは川の流れのようなものである。川にはいろいろなものが入ってくるけれども（＝「Me」）、「Ⅰ」はいつも流れつづけている。「Ⅰ」には、喜びや悲しみなどの感情がともなっている。しかし、そうした感情はどれほどカテゴリー化されようとも、やはり「私」の喜びであり、「私」の悲しみである。このように、「Ⅰ」とは、われわれの言葉で言えば「個人の特異性」の拠点なのであり、またその表現なのだ。

第3章
アスリートにおける
キャリアトランジション問題

はじめに

　前章では、スポーツにおける病理現象の1つとしてバーンアウトを取り上げた。バーンアウトは、どちらかと言えば、アスリートがパフォーマンスの向上を求めて前進しているときに生じやすい病理現象である。それに対して、本章では、アスリートが後退するとき、つまり現役生活を引退しようとするときに生じやすい病理現象を取り上げてみよう。この病理現象は特に名づけられてはいないが、アスリートが現役引退に際して心身の混乱状態に陥ることは広く知られており、一般には「キャリアトランジション（キャリア移行）問題」と呼ばれている。

　「キャリアトランジション問題」に対処するため、各スポーツ団体はキャリア教育という仕方で予防措置を講じている[1]。たとえば、現役選手は競技に没頭するあまり、引退後のことにまで気が回らず、アイデンティティの在り方も偏ってしまう。そこで、あらかじめ競技以外の職業能力や社会的・心理的適応能力を養っておくべきだ、と考えるのである。それは、一言で言えば、他の役割に向けての予期的社会化にほかならない。

　キャリア教育は生涯発達論・生涯社会化論に依拠している。それによれば、人生とはキャリアを積み重ねていく過程であり、同時に人間性が発達する過程でもある。スポーツキャリアもキャリアの1つであり、それゆえこうした視点がスポーツ選手の引退にも適用されているのである。この考え方には一理ある。ただ、社会化論は概して社会の個人に対する作用（たとえば役割期待）を強調するので、その逆、すなわち役割に対する個人の意味づけの側面が捉えづ

らくなる。たとえば、何らかの役割に没頭してしまうのは、個人が役割期待に過剰に応えようとするからだけでなく、個人がその役割に重要な意味―生きがい―を見出しているからでもあり、そこでの経験が「私は生きている」という感覚―生命感―を与えてくれるからであろう。つまり、人はその活動が「楽しい」（生命感）からこそ、その役割に意味を見出す（生きがい）のだ。とするならば、「キャリアトランジション問題」は、「新しい役割への不適応」という側面とともに、「生命感（生きがい）の喪失」という側面を含んでいるのである。

本章では、こうした生命感（生きがい）の喪失という側面を重視することで、従来の「キャリアトランジション」研究とは異なる視点を提示し、再解釈を試みたい。そこで、まず先行研究を検討し、特に現在主流となっている移行モデルの問題点を明らかにしよう。次に、この問題点を解決するために、超社会化の概念を導入し、「キャリアトランジション」を捉えるための新しいモデル―人間学モデルと呼ぶ―を構築しよう。そして、このモデルを使って、1つの事例―日本野球独立リーガーの場合―を分析してみよう。

1. 理論枠組の構築

(1) 先行研究の検討

スポーツ選手の引退を捉えるモデルの構築は、1980年代初頭における老年学とタナトロジーの援用に始まる。しかしその後、それらのモデルでは当該事象の全体像を把握できないという批判が生じ、その代替案として移行モデルが提示されるに至っている（ex. 豊田・中込, 2000；Levin, 2005）。

老年学とタナトロジーの援用可能性（Rosenberg, 1981, 1984；Lerch, 1981, 1984）に対する主要な批判は、両モデルの前提そのもの、すなわち引退を「終焉」（termination）として捉える視点そのものに向けられている。具体的に言えば、老年学モデルは加齢による職業的世界からの完全撤退（「終焉」）を前提する。しかしスポーツ選手の場合、むしろ引退後にこそ労働生活の大部分が存在するのであり、またスポーツ領域から完全撤退するのではなく別の仕方でスポーツにかかわり続ける者が多数派である。他方、タナトロジーモデルでは「社会的死」（social death）、すなわち役割の非自発的剥奪（「終焉」）という仕方で引退を捉え、

こうした事態に対処する機制として、たとえばキューブラー＝ロスの「死を受容する五段階説」の援用可能性を指摘する。しかしこの立場は引退を過度に否定視しており、スポーツ選手全体—たとえば適応困難を経験しない者も存在する—に該当するわけではない。つまり、「引退＝終焉」という前提では引退を限定的にしか捉えられないのであり、それゆえもっと包括的なモデルが必要だ、と見なされたのである（ex.Blinde and Greendorfer, 1985；Curtis and Ennis, 1988）。

　ここで移行モデルという代替案が出てくる。それは、引退を「終焉」ではなく、当事者の生涯発達（生涯社会化）の「プロセス」の一環として捉えようとするもので、特にカウンセリング心理学に発するSchlossbergのモデルの有用性が強調されている（Swain, 1991；Crook and Robertson, 1991）。

　Schlossberg（1981）によれば、移行（transition）とはある出来事が当事者の諸想定（自分自身や世界に関する）に一定の変化をもたらし、その新しい状況への適応が要求される事態である。そして適応とは当事者がその新しい状況を自己あるいは生活の中に統合することを指す。彼女はこの「移行に対する適応」という枠を前提にした上で、この過程に影響を与える諸要因を、移行特性、環境特性、個人特性の3つに分類している。たとえば、移行特性には役割変化（獲得的／喪失的）・原因（内的／外的）が、環境特性にはインターパーソナルなサポート（家族や友達）・機関からのサポートが、個人特性には心理的社会的能力（たとえば自負心や自己像の一貫性、将来に対する態度）・性役割・健康状態・社会経済的地位が入る、という具合である。ところで、こうした諸変数はスポーツ選手用に容易に修正可能である。たとえば、Crook and Robertson（1991）はより相関性の高い要因として、自発的か否か（移行特性）、コーチの役割（環境特性）、スポーツへの依存度と予期的社会化（個人特性）を挙げている。

　このように「移行に対する適応」には多くの変数が介在する。しかし重要なことは、これらを主体にとっての資源（resources）と見なし、この資源と負債（deficits）とのバランスこそ適応の明暗を分けるポイントだ、と考える点にある（Schlossberg, 1981）。たとえば、ケガによる引退を考えてみよう。ケガという非自発的な出来事は移行自体を暗くさせ（移行特性）、主体の自己統制感の減退を招くとともに、予期的社会化も不十分であることだろう（個人特性）。

しかし、もし家族や友人のサポート（環境特性）が緊密であれば適応は成功するかもしれない、というわけである。つまり、適応の核心は全ての諸資源を高スコアに保つことなのであり、それゆえサポートマニュアルの構築もこの観点から行われている（Petipas, A. et al., 1997=2005）。

　移行モデルの構成要素は移行、適応、諸要因の3者である。しかし生命感の次元はこの3者のどこにもフィットしない。まず「移行に対する適応」は「生命感の喪失と回復」と同じではない。すなわち、移行がそのまま生きがいの喪失を指すわけではないし、適応がそのまま生きがいの回復を意味するわけでもない。それゆえ、もし移行と適応の概念の中に生命感の次元を入れようとすると、不当な概念拡張を招くことになる。そこで今度はこの「移行に対する適応」の枠はそのままにしておいて、諸要因の中に生命感を含めてみよう。この場合、生きがいの無い場合は負債、有る場合は資源と見なされるはずである。とするならば、生きがいが無くても諸資源が豊富であれば適応的であるという場合が出てくる。この考え方は不可能ではないけれども、かなり違和感を覚える。なぜなら、本当の意味での「適応」とはやはり自分の役割に生きがいを見出している状態である、と考えられるからだ。ただそうすると、今度は、適応の概念を拡張しないといけなくなるのである。

(2) 超社会化と生命感

　こうした移行モデルの不具合は社会化論そのものに由来している。この点を確認し、生命感の概念を明確にしておこう。

　先述したように、社会化とは社会の機能の1つであり、当該社会で要求される役割（価値観や知識）を新成員に習得させる作用であった。スポーツ界で言えば、社会化によって、スポーツ界は新しい選手を確保しその存続を図ることができるし、選手の方もスポーツ界で求められる役割を習得することでアイデンティティを発達させることができる、というわけである。しかし、社会化の概念は、個性や創造性を捉えることはできないのであった。というのは、個人が社会によって形成されるとすれば、論理上、個人は社会を超えてはいけないことになるからだ。もっとも、個人は当該集団とは別の集団の観点に立って意志決定する、と考えることもできる。これが移行モデルの考え方であろう。

しかしこの場合でも個人は何らかの集団に依存していることになるので、個人には「選択の自由」はなくなってしまう。それゆえ、社会化の範域（＝「閉じた社会」）の外（＝「開いた社会」）へ向かう志向として、超社会化の概念が必要とされたのである。

　超社会化とは「体験」に導かれることであった。そして「体験」とは、主体に飛躍をもたらすとともに（＝「偶然性」）、主体にしか分からないものでもあった（＝「特異性」）。こうした「体験」の中身について、ここでは、チクセントミハイ（1975）が楽しさ（enjoyment）の源泉として位置づけたフロー（flow）の概念を取り上げてみよう。フローとは文字通り「流れること」であり、「全人的に行為に没入している時に人が感ずる包括的感覚」（Csikszentmihalyi, 1975=2000：66）のことである。チクセントミハイによれば、フローを経験しているとき、主体の注意はある領域に限定されており、行為と意識は別々のものとしてではなく1つのものとなって作動している。すなわち、主体は行為を意識しはするが、その意識そのものを意識することはないのである。そこでは、意識は研ぎ澄まされているので、時には通常は知覚できない微細な環境の変化や身体の動きが手に取るように分かってくる。そしてこの驚異的な知覚能力によって、流れるような連続的行為が可能になるのだ（Csikszentmihalyi, 1975=2000：68-84）。

　こうしたフロー体験は、いつでも到来するわけではなく（＝「偶然性」）、また誰にでも到来するものではないだろう（＝「特異性」）。しかし、チクセントミハイの理論で重要なのは、人間はそもそもフローを求めているという点である。ある熟練したロック・クライマーの言葉を引用しよう。

> 　ロック・クライミングの神秘で崇高な雰囲気は、登るということの中にあります。頂上について終わったと喜ぶ。しかし本当は永遠に登り続けることを望んでいるのです。…〈中略〉…フローの目的は流れ続けるということ、頂上やユートピアを望むということではなく、流れの状態を保ち続けるということです。登るということではなく、絶え間のない流れなのです。この流れを保つために登っているにすぎません（Csikszentmihalyi, 1975=2000：83）。

ロック・クライミングの目的は、頂上を目指すということではなく、「登る」ということでもない。そうではなく、「流れ続けるということ」なのだ。ところで、チクセントミハイによれば、フローには程度がある。深いフロー（deep flow）はスポーツ領域において生じやすい。しかし通常の仕事の場面でもフローは見られる。外科医のメスさばき、あるいはスーパーのレジ打ちでさえ、一連の行為がスムーズに流れる時には楽しさを感じるのである。さらに言えば、日常生活においても微小なフロー（micro flow）は存在する。たとえば喫煙や喫茶などの行為中にはフローが生じやすい、とされる。要するに、繰り返せば、人間はフローを求める存在者なのだ。フローは個人の主体性のささやかな基盤であり、もしフローの追求が制限されれば、人は世界との調和的状態を失い、非常にストレスフルな状態に陥ってしまうだろう（Csikszentmihalyi, 1975=2000）。

　フロー体験は人間の生の根幹に通じている。なぜなら、楽しくない活動は生きている感じ（＝生命感）がしないからである。そこでフロー体験にともなう楽しさの感覚を総称して「生命感」と呼ぶことにしよう。そして、こうした生命感に基づいた、主体の活動への意味づけを「生きがい」と呼びたい[2]。

　フロー体験は生命感をもたらす。それゆえ人は以後そうした「体験」を重要な基準点と見なし、「体験」を更新しようとする。こうした（「体験」に基礎づけられて）主体を導いてゆく運動こそ、超社会化なのである。しかしフロー体験は諸刃の剣でもある。というのは、それがあまりに楽しいゆえ、フローとの別離を困難にしたり、フローに依存してしまったりすることがあるからだ（Csikszentmihalyi, 1975=2000 : 207-209）。そしてこの危険性はスポーツ、仕事、日常生活、全ての活動領域において潜んでいる、と考えられる。

(3) 人間学モデルの提示

　「キャリアトランジション問題」を「生命感の喪失」という観点で捉えるためには、社会化の視点だけではなく、超社会化の視点を含めたモデルが必要とされる。そこで、われわれは人間学モデルを構築してみよう。人間学モデルとは社会化の次元と超社会化の次元を峻別するものであり、前者は円内の直線、後者は円の接線で示されている。

　図5を見てほしい。まず仮に中心O→N（接線N）を野球経験の軸とし、

第 3 章　アスリートにおけるキャリアトランジション問題

L、M、Nの水準をそれぞれ高校野球、社会人野球、NPB（プロ野球）を表すものとしよう。そうすると、社会化は 0 → L、L → M、M → N というように、各カテゴリーで要求される役割（技術や価値観）を習得していく過程として示される。この過程は段階的であり、たとえば高校野球レベル（L）の技術が未習得なのに NPB（N）にいくことはできな

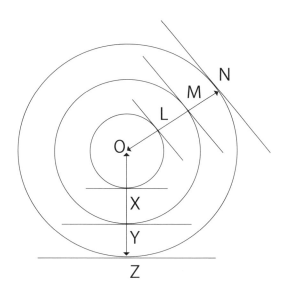

図 5　人間学モデル
（亀山 2012:146 を一部改変して筆者再現）

い。他方、各水準にはそれに応じたフロー体験が対応している。これが接線 L、接線 M、接線 N で示されるもので、社会化水準の上昇とともにフローも強烈になり、超社会化の影響力も強まっていくことになる。このように社会化と超社会化はセットである。たとえば、退屈な反復練習でも小さいフローは生じているし、逆に言えばそこにフローが生じているからこそ退屈な反復練習にも取り組めるのである。

　しかし、事実上、競技人生は短命である。そこで今度は競技を離脱する、あるいはその水準を下げる必要が出てくる。これが脱・社会化（de-socialization）で、N → M、M → L、L → 0 と下降する過程である。たとえば、社会人野球で鳴らした選手が引退して草野球をする場合、M → 0 付近へまで競技水準を下げたわけだ。他方、この脱・社会化はフローの喪失あるいは減少をもたらさずにはいない。この種の後退過程を脱・超社会化（de-trans-socialization）と呼んでおく。すなわち、接線 N → 接線 M、接線 M → 接線 L、接線 L → 0 への下降である。脱・社会化と脱・超社会化はやはりセットである。たとえば、技術や身体能力の低

下によってフローは減少するし、逆に言えばフローの減少あるいは喪失を承認できなければ—少なくとも理論上は—実際にレベルを下げることはできないのである。

さて、超社会化は生命感を求め、脱・超社会化は生命感との別離に向かう。そして前者は社会化の動機づけの根拠であり、後者は脱・社会化の動機づけの根拠である。このように、超社会化（と社会化）と脱・超社会化（と脱・社会化）とはベクトルの向きが逆である。しかし両者は「接点」において重なっている。たとえば、接点 M は N（接線 N）に向かう点であると同時に、L（接線 L）に向かう点でもある。とするならば、主体はこの「接点」において非常に逆説的な状態に置かれることになる。ただ、こうした状態はアスリート（あるいは人間）の常態と考えられる。というのは、アスリートの生（あるいは人生）とは自分の実力の限界にさらされつつ、その限界を乗り越えていこうとする運動であるからだ。その意味で、この逆説性は現役のアスリートにとってはむしろ望ましいものとさえ言えよう。

しかし、この「接点」における逆説性は、同時に、引退の困難性の源泉でもある。なぜなら、脱・超社会化しようとしても、「接点」で重なる超社会化の影響力を脱することは容易ではないからだ。脱・超社会化を導く「体験」は広い意味での「挫折体験」であると言えよう。それは、たとえば「引き際を悟った」「腑に落ちた」などと表現される「体験」であり、超社会化を導く「体験」の場合と同じように、いつ到来するかは分からず（＝「偶然性」）、またそのアスリートが納得できなければならない（＝「個人の特異性」）。つまり、引退しようと思って引退するのではなく、ストンと一挙に「腑に落ちる」、そういうものなのだ。しかし、繰り返しになるが、逆に、この脱・超社会化を導く「体験」が到来しなければ、超社会化の影響力から脱しえないということである。

さて、現役を引退すれば、何にしても新たな役割を習得していかなければならない。これが再・社会化（re-socialization）であり、0 → X、X → Y、Y → Z への段階的上昇である。他方、再・社会化の各水準にもそれに応じたフロー体験が対応する（接線 X、接線 Y、接線 Z）。この（別の役割における）フローの追求を再・超社会化（re-trans-socialization）と呼んでおく。そしてやはり両者はセットである。なお、再・超社会化（と再・社会化）の概念は別の役割に

おける超社会化（と社会化）であり、それ以上の意味はない[3]。

（4）脱・超社会化と引退過程

　引退過程の理念型を再説しておこう。まず、フロー体験によって超社会化（と社会化）の志向が生じる。次に、その超社会化（と社会化）の影響力と別離する「体験」（＝「挫折体験」）によって脱・超社会化（と脱・社会化）の志向が強まり、最終的には引退の決断に至る。そして、これまでとは別の役割に従事する時期が続く（再・社会化と再・超社会化）。つまりN（接線N）→ O → Z（接線Z）である。

　この理念型に照らすと、実際の引退過程は大きく2つに分けられる。1つは理念型通りに事が運ぶ場合—順路型と呼ぶ—であり、もう1つは理念型通りに事が運ばない場合—ショートカット型と呼ぶ—である。後者の一例としてはケガによる引退が考えられる。すなわち、ケガは非自発的に生起するため、脱・超社会化を導く「体験」のない不本意な引退になる可能性が高くなる。そこで、この型はN（接線N）→ Z（接線Z）というふうにO地点を迂回する、あるいは不十分に通過する型として設定することができる（この場合でも、いつかは脱・超社会化を導く「体験」が訪れるだろう）。

　ここで、正確を期すため、両者を分かつ基準について述べておこう。その基準は、原則的には、脱・超社会化を導く「体験」の有無あるいは強度であると言えよう。しかし、こうした「体験」を客観的に測定することは不可能である。ただ、われわれの立論からして、脱・超社会化を導く「体験」の強度は、超社会化の影響力（＝フロー体験の強度）と正比例すると考えられる。たとえば、超社会化の影響力が強ければ強いほど、脱・超社会化を導く「体験」もそれと同程度の強度を必要とするはずだ。とするならば、超社会化の強度と脱・超社会化の強度を比較できれば有効な手段となるだろう。しかし、この強度を測定したり、評価したりすることは、現時点では困難である。

　そこで、現状においては、結果の観点から、すなわちアスリート自身が「腑に落ちた」上で引退したと感じているかどうかを操作的な基準としたい。たとえば、同じように見える脱・超社会化を導く「体験」があったとして、その「体験」がAにとっては脱・超社会化を導く「体験」であり、Bにとってはそうではな

い「体験」であった場合、Aは順路型、Bはショートカット型に入ることになる。要するに、上の2類型を導くための操作的基準とは、脱・超社会化を導く「体験」に対するアスリート自身の主観的評価である。

以下、適宜、移行モデルによる解釈と人間学モデルによる解釈を併記し、両者を比較しながら事例を分析していくことにしよう。

2. 事例の分析

(1) 事例の概要と調査手続き

事例として、日本野球独立リーグでプレーし、またすでに引退しているアスリートを取り上げる[4]。彼らは経歴、境遇、競技水準において一様ではない。しかし、一般社会の基準から外れ、そして野球人生の節目でNPBからリジェクトされ、さらにそれにもかかわらずNPBという夢を追いかけた、という点では共通する。彼らは通常の若者とは異なる基準で身を振り、しかも一流まで到達できなかった。その意味で独特のカテゴリーを形成している。おそらく彼らには彼ら特有の、そして一流選手には一流選手特有の引退パターンがあるのだろう。しかし、人間学モデルは一般モデルであるから、カテゴリーの種類を問わず適用することができる。

筆者は2009年夏から2010年春までの間、四国九州アイランドリーグの強豪、香川オリーブガイナーズ球団（以下ガイナーズと略す）に所属したことのある選手8名に、対面及び電話にてインタヴューを行った。調査対象者の抽

表1　調査対象者の経歴

A	外野手	高校→大学→独立リーグ	教員
B	投手	高校→大学→独立リーグ	教員
C	捕手	高校→大学→クラブチーム→社会人→独立リーグ	経営者
D	投手	高校→社会人→独立リーグ→専門学校	会社員
E	外野手	高校→大学→独立リーグ→専門学校	専門学校生
F	捕手	高校→独立リーグ	会社員
G	投手	高校→大学→独立リーグ→米・マイナー（1A）	会社員
H	内野手	高校→大学→独立リーグ→大学→独立リーグ→クラブチーム→独立リーグ	経営者

第3章　アスリートにおけるキャリアトランジション問題

出にあたっては自力探索と雪だるま式サンプリング法を併用し、インタヴューではライフヒストリーと特に引退に際しての諸事情を聴き取った。表1は彼らの経歴を示したものである。

(2) 超社会化を導く体験

　引退の困難性は超社会化の影響力を前提とする。そこで、超社会化を導いた（と解釈される）「体験」を例示しておこう。

　Dは少年時代にNPB選手と直に接した「体験」を基点に、一貫してNPB選手を目指すようになり、「自分で考えて練習をするようになった」と言う。高校から社会人へと進む時にも、自分の実力とNPBとを比較して「プラスαを求めて」道を決めたという。つまり、通常は漠然とした憧れに留まるであろう出会いは、DにとってはNPB選手という基準を設定せしめた「体験」として捉えられたのである。

　またEは中学時代に必死で練習し、高校の特待生待遇を獲得できたことが一番大きな出来事だったと言う。技術的にも「ぽんぽんぽんぽん上達してそれがおもしろかった」し、「ベストのプレー」も当時に到来している。それは同点を阻止した補殺であり、「イメージは残っている」。

　そしてCは高校時代の先頭打者ホームランが決定的な「体験」だったと語る。「未だに頭に感触みたいなんは残ってますし、何より自信になりました」。それはレギュラー獲得につながったホームランであり、練習も熱心に取り組むようになり、「NPBにも絶対行ける」と思ったという。

　ガイナーズでの「体験」で言えば、Aは某NPBチームの2軍選手と試合をして、「守備だったらNPBに十分通用する」と自信をつけている。それは三塁に向かう一塁ランナーを外野からダイレクト送球で刺した「体験」で、やはり「映像は鮮明に残っている」。こういったファインプレーはランナーとの「微妙な駆け引き」の中で生まれる。しかし「一番良いのは送球しないでも相手をくぎづけにすること」であり、Aはこのさらに上の境地に向けて基礎技術の重要性を再認識し、「もっともっと頑張ろう」とモチベーションを高めたという。

　以上の例は、フロー（流れ）の表現という点では不十分な記述にとどまっている。しかし、全ての例はある特異な（と体験者に捉えられた）「体験」が体

験者自身の基準となり（＝超社会化）、動機づけの源泉として以後の選択を導いている（＝社会化）。

(3) 順路型

順路型は脱・超社会化（と脱・社会化）を経た上で、再・超社会化（と再・社会化）に移行する型であった。

まずAのケースを典型例として詳しく紹介しよう。彼はガイナーズのキャプテンであり、自他ともに認める「守備はNPBに十分通用する」選手であった。そして4年目のシーズン―くしくも引退年となる―は、「ダメだったらやめよう」と不退転の決意で臨んだシーズンだったという。

シーズン序盤は好調だった。しかし中盤に「一番つらかった時期」が到来する。「練習しても打てなかった。遠征でもホテルに着いたら一人でバットを振っていた。振ったら自信を持って打席には立てる。しかしそれでも打てない。考えすぎて打席でバットが振れなかった。自分で自分を追い込んでいた」。もっとも、監督は一貫して試合に出してくれた。打の不調を凌駕するだけの守備力があったからだ。しかしAは「好きなことやってお金もらうのは幸せってのはあるけど、結果が出なかったらどんだけつらいか」と痛感することになる。

シーズン後、結局、戦力外通告を受ける。この時、独立リーグの他チームからオファーもあった。しかし、「別のチームに行って5年目は考えられなかった」。不退転の決意で臨んだシーズンで結果が出ず、「戦力外通告をもらって納得した側面もあった」からだ―「最後の最後まで諦めずにやったし、もしかしたらミラクルが起こるかもと思ってやって、それでダメだったから、もういいかぁ、と」。

引退決意後しばらくは「言葉にならない心境で、何も手につかない」状態に陥る。しかも「現役時は『将来はNPB』、それしか考えていなかったので、NPBがダメだったあとのことは一切考えていなかった」。ただ教員免許は取得しており、今思えばガイナーズでの「子ども野球教室で子どもが好きになったかなぁ」と振り返る。また、感情的サポートをしてくれる人もいた。こういった状況の中で、Aは教員を目指そうと決めることになる。

その後、Aは中学校の野球部（軟式）を指導。生徒はメキメキ上達しており、

第 3 章　アスリートにおけるキャリアトランジション問題

対戦相手のコーチから「A くんが入ったら強くなったなぁと言われるとうれしく思う」。今後は高校野球の監督になって甲子園を目指したい、と考えているという。

　以上の過程を移行モデル的に解釈してみよう。まず、移行は「納得した」とか「もういいかぁ」と思った時に認知されている。ただ移行自体はかなりストレス度が高く、それはスポーツ依存や他の職業に向けての予期的社会化の欠如と相関的である。つまり、これらは負債のつながりである。とはいえ、A には可能的あるいは現実的な諸資源もあった。すなわち、教員免許、実際に教えるという経験、感情的サポート、あるいは彼の「がむしゃらな性格」である。とするならば、こういった諸資源間の連携が次第に負債群を凌駕することで、選手から教員への役割移行が達成された、と説明されよう。付言すれば、コーチ能力に対する他者の評価は適応を強化している。

　しかし、この説明は選手生活の重要度が低くなり、教員生活の重要度が増した、と言っているだけである。つまり、「移行に対する適応」は、結局、個人の認知枠組みにおける重要性（関心）の変化にすべてを還元するのである。これは、移行モデルが前進過程（役割獲得）を強調するモデルだからであろう。

　他方、人間学モデルはもともと後退過程を射程に収めており、特に脱・超社会化を導く「体験」による 0 地点への回帰を重視する。そこで、人間学モデルの注意は A の「挫折体験」へ向けられることになる。つまり、シーズン中の不調体験や、戦力外通告を受けて「納得する体験」などが徐々に超社会化の影響力を低下させ、脱・超社会化を導いていったと解釈されるのである。

　ところで、A の場合、脱・超社会化は引退後に貫徹することになる。その「体験」の典型例は、彼が生徒に「夢持って頑張ろうなぁ」と言ったところ、「先生、夢叶ってないやん」と言い返された「体験」である。しかし NPB に行ったら夢が叶ったと言えるのか、二軍だったらただ行っただけではないか。この文脈で A は言う─「結局、夢は無限大だなぁ、と」。この無限のイメージは 0 地点から以前の夢を見つめなおした時の感慨ではなかろうか。そしてこの「体験」を契機として、A の意識は「ガイナーズで夢を追ってやっていた野球、それが今度は、子どもたちに夢を追い続けるプロセスを伝えたいというふうに変わった」のである。

順路型の特徴は2つある。1つ目は全員「挫折体験」を経ている、あるいは自分は挫折したということを受け入れている点である。たとえば、Dは各地を転戦した末に某NPBチームに打たれた時「もうピッチャーとしては通用しない」と悟っているし、またEはNPBと社会人野球を目指し続けた末に「理想と現実が逆転したことが自分の中で『見えた』」と語る。もっとも、超社会化の影響力がもともと弱い場合はそれほどの紆余曲折を辿らない。たとえば、Bは教員というもう1つの夢があったことで比較的スムーズに移行しているし、Fのように「もともとNPBにそこまで執着していなかった」という者もいる。しかしBは「ガイナーズで打ちのめされた」と認め、Fもガイナーズ退団後、NPBトライアウトに落選して「NPBの道はもうないな」と受け入れている。
　2つ目の特徴は新しい役割（再・社会化）にやりがい（生きがい）を見出しているという点である（再・超社会化）。たとえば、B（教員）は「野球部の指導はすごく楽しく充実しています。（生徒の上達について）空っぽの中に教えたことが詰まってゆく感じです」と語り、C（社長業）は「今の自分の生活と社員さんの生活を守ることは、最低限自分がやらないといけないことだと思っている」と言う。

（4）ショートカット型

　ショートカット型に移ろう。それは、脱・超社会化を迂回する、あるいはそれが不十分なまま、再・超社会化（再・社会化）の軸へと向かう型であり、選手としての限界について「腑に落ちていない」型である。たとえば、Gにとっ てはNPBドラフトからのリジェクトの理由が「不明」のままであり、Hは監督の評価が「謎」のままである。2人を詳しく見てみよう。
　Gはガイナーズで3年、アメリカのマイナーで1年プレーし、毎年NPB入りを嘱望される選手であった。彼は各カテゴリーで「通用してきたし、実際通用していた」。それゆえ、たとえ「グダグダ」であれ野球を続けたのである。ただ精神的な「しんどさ」は年々増し、特にアメリカ時代には生活環境の変化やタイトな試合日程によって限界に達したという。それでも「ドラフトまでは」と気持ちを立て直したものの、結局、名前は呼ばれずじまい。「あぁもうやめようと、ふてくされた感じでした」。一気に引退へと流れるのはここである――

第 3 章　アスリートにおけるキャリアトランジション問題

「もっと若かったら、21 歳とか 22 歳とかやったらまたアメリカで絶対やってるとは思うんです。ただそういう自分の弱いところもあるんですけど、まぁ自分が逃げたという感じです」。

　移行自体はリジェクトの理由が不明であり、「しんどさ」が目立つ。引退は年齢の問題が大きいと言うが、逆にそれを理由にして「逃げた」という意識もある。また他の職業に向けての予期的社会化は皆無である。もっとも球団からの紹介や知り合いのコネクションはあり、実際それで野球と全く関係のない職業に就き、調査時点では約半年が経過している。そして「普通に就職して仕事をするよりも、ガイナーズやアメリカでプレーする方が何十倍もしんどかったので、人生の糧にはなっている」と振り返る。

　しかし、現在の生活への評価は極めて相反的である。すなわち、これまでできなかったことができる (ex. 食生活・遊び) 反面、生活は「単純な日常という感じ」で、仕事も「まぁつまんないですよね」という具合なのである。教員免許を取得しているが、指導者になる気は全くなく、野球もほとんどしない。要するに、新しい生活環境に適応しているが、生きがいは見出せないという事態である。

　このギャップの原因は何だろうか。G は「今は選手としてしか興味がないから、指導者の方へは気持ちが向かない」し、悔いも残っていると言う。移行モデルであれば、あるいはスポーツ依存の残存がその原因である、と考えるかもしれない。しかし、人間学モデルは別の捉え方をする。まず、この事態は社会化の次元と超社会化の次元のズレを指示している。すなわち、B は確かに状況に適応 (再・社会化) しているし、実際、野球もしていない (脱・社会化)。しかし未だ選手時代のフローを志向しており (超社会化)、それゆえ新しい生活や仕事に生きがい (再・超社会化) を見出せないのである。そしてその原因は、脱・超社会化を導く「体験」のないままに役割を移行しようとした点にある。結果も残し、身体も良い、つまりいつ NPB に呼ばれてもおかしくない実力だと思っていたにもかかわらず、「逃げた」。要するに、G は「逃げる」ことで、脱・超社会化を導く「体験」を先送りしたのである。

　次に H に移ろう。H は「自分は高校の監督を除いて、いつも監督には好かれなかった」と語る。「いつも」と言うように彼は多くのチームを転々として

いる。

　引退年となるシーズンはAと同じように不退転の決意で臨んだシーズンだった。しかし開幕4戦目にはスタメン落ち。何より監督と考えが合わなかった。ただ「調子はずっと良かったし、出れば結果は出せると思っていた」。にもかかわらず、しっかりチャンスを与えられないままに戦力外通告を受けることになる。戦力外通告後は翌年も野球をしようと思い、某クラブチームに所属、トライアウトに備えた。しかし、周囲との対話や、選手としての限界を認識する中で、徐々に引退へと心が向かっていったという。引退表明は戦力外通告から1ヶ月半後であった。

　Hは監督からチャンスを与えられないまま戦力外通告を受けたと考えているので、移行自体のストレス度は非常に高い。「抜け殻みたいな感じで毎日を過ごして（おり）、身体的には楽だが、気持ち的には後悔しかない」。こういった心理状態において自己否定的態度も顕著になる。たとえば、監督の低評価は自分の実力不足やメンタル面の弱さのせいであり、「結局、監督がNPBに行けないと判断しているので、試合に出してもらえなかったのだろう」と考える。しかし他の役割に向けての予期的社会化はある。たとえば、指導者の心得として、野球の基本動作の意味や「できて当然」という空気の大切さを後輩に伝えたいと考える。環境面では引退をめぐって「二転三転する」Hに対して粘り強く相談に乗ってくれる人たちがいたし、具体的な選択肢として家業や指導者のオファーもあった。引退表明へと至った一因はこの指導者の道に魅力を感じたからだ——「現役を続けながらとかじゃなくて、本当にその仕事に一生懸命になりたい、それだけ燃えるものであってほしい」。

　選手から指導者へ、しかし事はそう簡単には運ばない。なぜなら、Hは「野球をしたいという気持ちを抑えて抑えて、次の人生に行こうと決めた」と言いつつ、「誘いがあったらまだやりたい」と言うからである。移行モデル的に言えば、選手と指導者とが重要性の点で拮抗している事態、あるいは資源と負債が拮抗している状態と言える。

　この事態を人間学モデル的に見てみよう。まず、HはGと異なり、脱・超社会化を導く「体験」がないわけではない。たとえば、戦力外通告と引退表明との間、年下の選手と練習していて次のように感じたという——「なんか違うな

ぁ、なんで俺こんなとこでやってんのかなぁ、と。好きだからやるというのは分かるけど、もし自分が高校生やったら、26歳の僕見て、確かに年を重ねてるから高校生よりは上手かもしれないけど、この人は何を目的に生きているんだろうとか考えると何かよく分からなくなってきた」。

これは脱・超社会化を導く「体験」であり、それゆえ引退表明への推進力となりえたようである。しかしHはチャンスを与えられた上で挫折していないこともあり、選手としての限界について腑に落ちていない。これが彼の混乱状態の主因である。にもかかわらず、彼は指導者の道に活路を見出そうとしているのだ。要するに、Hの場合、脱・超社会化を導く「体験」は十分な意識変容を導くほどの強度を持ち得なかったのであり、それゆえショートカット型にならざるを得なかった、と解釈されるのである[5]。

おわりに

本章では、アスリートの後退過程における病理現象として「キャリアトランジション問題」を取り上げた。すなわち、アスリートはなぜ、どのようにして引退時に心身の混乱状態に陥るのかについて考察してきた。われわれは、まず先行研究の検討を通して、「生きがい」が（社会化の過程に影響を与える）諸要因の1つに還元されているという点を批判した。そこで、この問題を解決するために、超社会化の視点を導入し、生命感の概念を規定したのである。次に、われわれは人間学モデルを構築し、（超社会化の影響を脱する）脱・超社会化を導く「体験」―「ケリ（をつける）体験」と呼ぶこともできよう―の重要性を指摘した。そして、この「ケリ体験」の不十分な引退過程をショートカット型と名づけ、新しい役割に適応しているが以前のフローを志向しているという型―社会化の次元と超社会化の次元のズレ―と規定したのである。また最後に、日本野球独立リーガーの事例を分析し、人間学モデルの有効性を検証したのであった。要するに、「キャリアトランジション問題」は、単なる「新しい役割への不適応」ではなく「ケリ体験」の問題であり、アスリートにおける心身の不健康は社会化の次元と超社会化の次元のズレに由来する、と再解釈されたのである。

では、「キャリアトランジション問題」を解決するためにはどうすれば良いのだろうか。本章の知見をもとに答えれば、端的に「ケリ体験」を待つことである、と言えよう。ところで、「ケリ体験」は、超社会化を導く「体験」の場合と同じように、いつ到来するか分からず（＝「偶然性」）、またそのアスリートが納得できなければ何の意味もない（＝「個人の特異性」）。しかし、スポーツを導く業績主義は「ケリ体験」の到来を待ってはくれないだろう。アスリートは、ケガをしたり、パフォーマンスが低下したりすれば、否応なく現役引退を迫られるのだ。現実的に考えれば、「ケリ体験」の到来を待つことは、アスリート自身にとっても周囲の人間にとっても、様々な点で難しいことであろう。それゆえ、各スポーツ団体が行っているキャリア教育はそれなりに意味を持っている、と言わねばならない。しかし、より積極的な方法がないわけではない。それは、「ケリ体験」を導くコーチング方法を考えることである。俗に「引導を渡す」という言葉があるように、優れた指導者は独特の方法によって選手を引退させていくのではないだろうか。本書ではこうした「引導を渡すコーチング」は扱わないが、今後、重要になってくるテーマであることは間違いないであろう。

　さて、われわれは、スポーツにおける病理現象としてバーンアウトとキャリアトランジション問題を取り上げ、体験論の立場から再解釈を試みてきた。バーンアウトの考察では、「消耗」のイメージだけでなく「くすぶり」（「空回り」）のイメージの重要性が指摘され、また「直線の論理」に加えて「倒錯の論理」が抽出された。「倒錯の論理」は「体験」を「経験」の水準で求めるという論理であり、「体験」の視点なしに抽出することは不可能である。他方、キャリアトランジション問題の考察では、「新しい役割期待への不適応」としてだけではなく「ケリ体験」の問題として捉え返され、またショートカット型の重要性が指摘された。この型は、「ケリ体験」の不十分さによって、社会化の次元と超社会化の次元がズレてしまう型であり、やはり「体験」の視点なしに構想することは不可能である。
　ところで、その中で気づくことは、競技スポーツのもとではこうした病理現象を回避することはできないという事実である。たとえば、バーンアウトを

回避するためには超社会化を導く「体験」の更新が必要であり、キャリアトランジション問題を解決するためには脱・超社会化を導く「体験」(「ケリ体験」)が必要である。しかし、競技スポーツはどちらかと言えば「倒錯の論理」を導くものであり、また「体験」の到来を待ってはくれないという意味で、構造的に病理現象を生みやすくなっているのだ。しかし、競技スポーツの構造を批判するだけでは問題は解決しない。競技スポーツの構造を変えることが難しいとすれば、「体験」の次元を重視するコーチング方法を考えれば良いのではないだろうか。

　ここまでの議論によれば、「体験」は2つある。1つは超社会化を導く「体験」であり、もう1つは脱・超社会化を導く「体験」である。前者はいわばポジティヴな「体験」であり、後者はいわばネガティヴな「体験」である。筆者はこれまで「体験」のポジティヴな面を強調してきたので、ネガティヴな面の指摘によってある種の混乱を与えるかもしれない。しかし、ここまでの論述で重要なのは「体験」の次元の重要性を示すことであり、この点に関してはある程度明確になったのではないか、と思われる。ところで、「体験」にポジティヴな面とネガティヴな面があるとすれば、どちらを強調するかコーチングも2つあるということになろう。つまり、超社会化を導く「体験」を誘発するコーチング―以下超社会化のコーチングと呼ぶ―と脱・超社会化を導く「体験」を誘発するコーチング―以下脱・超社会化のコーチングと呼ぶ―である。先に述べたように、脱・超社会化のコーチングは「引導を渡すコーチング」としてイメージできる。しかし、このコーチングについては未知な部分が多く、本書で取り扱うのは困難である。そこで、以下では超社会化のコーチングに限定し、社会化のコーチングと関連づけながら、特に身体論の観点から論じていくことにしよう。

【第3章注釈】
1) 日本ではJリーグ、JOC、NPBなどが特に一流以外の選手に対してキャリア教育を行っている。海外の取り組みに関してはLevy (2005) を参照のこと。
2) 以下、生命感、生きがい、フローという類似の用語を次の基準で用いる。生命感＝一般的な文脈、生きがい＝意味づけを強調する文脈、フロー＝行為を強調する文脈。
3) 亀山 (2012) は「接点」と引退の困難性との関連を明示していない。また、脱・超

社会化と再・超社会化という用語も使用していない。この他にも表現等若干の異同はあるが、しかし筆者の概念化は彼の議論に基づいており、根本的な発想は同じである。
4) 日本野球独立リーグは、アマとプロの中間に位置する、いわばNPB選手養成所である。それは、社会人野球の縮小に象徴される日本野球界の衰退傾向に対して、地域密着、若手選手の育成、指導者の育成でもって、野球界と地域社会を同時に活性化しようするプロジェクトである（石毛，2009）。
5) 筆者がHにインタヴューしたのは引退表明の数日後であった。彼はその後、指導者の道がプロアマ協定によって閉ざされ、「コーチ補佐兼任選手」という形で現役に復帰した。

第4章
方法としての「直観」

はじめに

　一般に、コーチング―ここでは特に身体的技能の指導を念頭に置いている―は大きく2つに分けることができる。1つは社会化のコーチングで、アスリートの身体に対する（外的）「強制」をその本質とするものである。具体的に言えば、ここでの指導は（先在する）ある型に選手の身体を合わせようとする指導であり、指導者のスタンスとしては「教える」（teaching）となるだろう。もう1つは超社会化のコーチングで、アスリートの身体に合った（内的）「育成」をその本質とするものである。具体的に言えば、ここでの指導は（潜在する）アスリートの能力を引き出そうとする指導であり、指導者のスタンスとしては「導く」（coaching）となるだろう[1]。こうした区別はもちろん理念型であり、現実の指導において両者は様々な度合いで入り混じっている。この点をふまえた上で、以下では、超社会化のコーチング―厳密に言えば「社会化のコーチング＜超社会化のコーチング」―を考察していこう。

　本章では、「身体の特異性」―特に身体感覚―を重視するコーチングについて考察する。第1章で述べたように、近代的身体観は「身体の同一性」を想定し、身体は「たとえ違っていても同じだ」と考える。しかし、事実上、身体は一人ひとり異なっており、身体動作や身体感覚も、全く同じであるということはありえない。つまり、身体は「たとえ同じように見えても違う」のであり、この固有性の側面こそ「身体の特異性」なのだ。自分の身体感覚に忠実であることによって、そして身体感覚を重視するコーチングによって、主体は外的な「何か」に惑わされにくくなるはずである。

　まず、先行研究としてガルウェイのコーチング論―以下ガルウェイ理論と呼

ぶ―を検討し、社会化のコーチングと超社会化のコーチングの内実を確認しよう。その上で、身体感覚を重視するコーチングとして、結城匡啓のコーチング方法を取り上げ、その究極である「潜り込み」を考察したい。「潜り込み」とは、コーチが選手の身体感覚を直接的に把握し、両者の感覚をすり合わせるという独特の方法である。しかし彼の議論は記述的であり、ともすれば彼にしかできない方法―ある意味でそうなのだが―と解されるかもしれない。そこで、われわれは、ポランニーの暗黙知理論とベルクソンの直観論を援用し、「潜り込み」を1つのコーチング理論として基礎づけることにしよう。

1. ガルウェイのコーチング論

(1) 基本概念

　ガルウェイ理論を検討することから始めよう[2]。ガルウェイ理論の基本概念は「セルフ1」と「セルフ2」である。「セルフ1」とは「自分自身に話しかけ、叱責し、支配している声の主」（＝自分）であり、「セルフ2」とは「セルフ1」の「命令によってボールを打つ存在」（＝自身）である。つまり、「セルフ1」は命令のシステム、「セルフ2」は実行のシステムであって、両者は1人の人間の中に共存している（Gallwey, 1997=2000：18, 45-49）。

　「セルフ1」と「セルフ2」は、ガルウェイ自身の経験に基づく独特の概念なので、伝統的な枠組に当てはめることはできない。たとえば、心身二元論を安易に適用して、「セルフ1」＝精神、「セルフ2」＝身体というふうに捉えることはできない。そこで、もう少し詳しく見ておこう。

　たとえば、テニスのリターンを思い浮かべよう。「レシーバーは相手のラケットからボールが打ち放たれた瞬時に、それがどこに着地し、ラケットで迎え撃つべきかを、計算し終えねばならない。この計算のためには、ボールの初速度、徐々に落ちてくる途中の速度、風やスピンの影響、複雑な軌道などを、要素として加味する必要がある」。バウンド直後にもこうした諸要素は再計算され、その上で動作のスイッチは入る。そして「ボールを打つ瞬間には、クロスを狙うのか、ダウン・ザ・ラインなのか、微妙で正確な調整が必要となるが、これは相手の動きやバランスを読み取ってからの、最後の最後の指令となる」

（Gallwey, 1997=2000：94-95）。このように、テニスのリターンは、1つの単純な行為に見えて、実は、膨大な作業を瞬時に行うことではじめて可能となっている。また、生理学的な点でも数え切れないほど複雑な筋肉運動の暗黙的な協働を前提としている。「セルフ2」とはこうした膨大な作業を無意識的に行い、しかも一連の流れの中で自然に実行している主体のことである。

　これに対して、「セルフ1」とは1つひとつのプレーに対して「価値判断」し、「セルフ2」に対して外側から命令を下す主体のことである。まず、「セルフ1」は「セルフ2」のプレーについて「評価のラベル」を貼りつけて「裁く」。たとえば、「またラケットをこねった！」と言うとき、単に事実を述べているのではなく、「悪い」というラベルを貼りつけ、強く自身（「セルフ2」）を非難しているのである。次に、「セルフ1」は「考える」作業を始める。たとえば、「良い」と判断したときは「どういう打ち方で、あんな良いショットが生まれたのか」と考え、「悪い」と判断したときは「何がいけなかったのか」と考える。こうして、「セルフ1」は「セルフ2」に対して具体的なコーチングを始めるのである。「セルフ2」は「セルフ1」の指令を受けて実行する。しかし、「セルフ1」の活動が激しくなればなるほど、「セルフ2」は「力み」、プレーはスムーズさを欠いてぎくしゃくしたものとなってしまう（Gallwey, 1997=2000：63-65）。

（2）集中力の科学

　「セルフ2」は「素晴らしい賢さと、潜在能力の集積体」である。「セルフ2」を「内側の知性」（Gallwey, 1997=2000：96）と呼ぶとすれば、「セルフ1」は「外側の知性」と呼ぶことができる。

　ガルウェイによれば、「セルフ2」に全てを委任することこそ上達の秘訣である。しかし、「セルフ2」の活動は「セルフ1」の活動によって妨害されがちである。「セルフ1」の声が大きくなればなるほど、「セルフ2」は委縮し、自然なプレーができなくなる。そこで、ガルウェイは、「セルフ1」の影響力を鎮め、「セルフ2」の潜在能力を解放しようとする。

　ガルウェイは選手に対して3つのこと—「見る」、「感じ取る」、「イメージする」—を求める。「見る」というのは、たとえばガラスに映る自分のスイングを自分の目で「見る」ということ、客観的に観察することである。自分のプレーを

「見る」ことで、どのようなスイングをしているのかにはじめて気づくことができるのだ。また「感じ取る」というのは、たとえばラケットの位置がどこにあるのかを感覚的に把握するということである。選手に「感じ取る」ことを根気よく求めると、ショットの出来ではなく、感覚に対する意識のレベルが上昇し、自分に合ったショットが自然に展開し始めるという。そして「イメージする」というのは、たとえば相手のコートの深くに入るボールの軌道を具体的に思い浮かべ、言葉ではなく画像として心の中に保持することである。このイメージのままに何も考えずに打てば、これまた自然にそのショットに必要とされるスイングや足の運びが出現してくるという。つまり、この3つの要素を往来することによって、「セルフ1」は鎮まり、「セルフ2」の自然習得能力は高まっていくのだ（Gallwey, 1997=2000：71-81, 108-111, 176-177）。

　ガルウェイはこの3つの要素を並列的に記述している。しかし、分析的に言えば、これらは異なる視点に立っている。まず、「見る」項目は客観性を重視するが、「感じ取る」項目と「イメージする」項目は主観性を重視している。次に、「感じ取る」項目は動きの部分に注目し、「イメージする」項目は動きの全体に注目している。つまり、「感じ取る」項目は諸動作の感覚に注意を集中することで全体のスムーズさを生みだそうとしているが（部分→全体）、「イメージする」項目は全体を一挙に把握することで諸動作のスムーズさを生みだそうとしているのである（全体→部分）。

　ガルウェイ理論は「集中力の科学」と呼ばれる。それゆえ、「感じ取る」項目（部分→全体）を重視する練習法がいくつも開発されている。たとえば、彼は「ボールの縫い目を見る」ことを求める。あえて見えにくいものを見ようとすることで、心は縫い目のパターンに気を取られて「力む」ことを忘れるからである。また注意は「今・ここ」（Now and Here）に限定されるので、過去や未来のことに心を奪われることもなくなる。そして、こうした集中力の高まりによって、注意は他の要素にも拡張されていく。たとえば、ボールの縫い目に注目しようとすれば、スピンや軌道に対する感覚が高まるし、相手の（あるいは自分の）ラケットに当たる前からボールを捉えようとするだろう。このように、ボールの縫い目（部分）に注目することで、自然な1つのショット（全体）が生まれてくる、というのだ。あるいは、「バウンス・ヒット」と呼ばれる練習法で

は、選手は「ボールがコートにバウンドする瞬間に"バウンス"と大声で言い、ラケットに―両方のラケットだ―当たる瞬間に"ヒット"と大声で言う」ことを求められる。バウンドする瞬間とラケットに当たる瞬間に注意を集中することで、自然と他の諸要素にも注意が及び、一連の動作はスムーズに展開される、というわけである。このように、注意を向ける対象や場所は任意であり、何かに注意を集中することこそ肝要なのである（Gallwey, 1997=2000：187-192）。

（3）コーチングの類型

　ガルウェイ理論は、「セルフ1」を鎮めて「セルフ2」を活性化させるという点で一貫している。では、コーチは現場で一体何をしているのだろうか。コーチの仕事は練習法を作ることだけではないはずである。しかし、この点について、ガルウェイは多くを語らない。選手の「セルフ1」を抑制するよう、根気強く選手に寄り添い、見守り、エンパワーメントする、といった程度である。ガルウェイは「セルフ2」の潜在能力を信じており、コーチの役割はできるだけ小さくあるべきだと考えているのだろう。このスタンスに異論はない。しかし、コーチングの現場で―ガルウェイも賛同してくれるだろうが―コーチは単に選手を外側から観察しているだけではないだろう。優れたコーチは、選手の心身の状態を的確に把握し、適切なタイミングで、適切なアドバイスを与えているはずである。

　ガルウェイにとって、あるいは多くのコーチにとって、選手の心身の状態を的確に把握することはいわばコーチングの前提であろう。しかし、この前提を当然のこととして片づけてしまうわけにはいかない。というのは、選手の心身の状態をどれだけ把握できているかによって、コーチングの成否はほとんど決定されるからである。コーチはいかにして選手の心身の状態を把握しているのか、この点こそ問われるべきなのだ。

　しかし、この点は後述するとして、ここではガルウェイの「セルフ1」と「セルフ2」という類型を（選手ではなく）コーチに適用し、コーチングの類型を示すにとどめておこう。社会化のコーチングの系列（「強制」）に入るのは「セルフ1」のコーチである。その典型は「徹底管理型のコーチング」で、「セルフ1」のコーチは「セルフ2」の選手の動作を判定し、修正点を次々と命令し

ていくだろう。あるいは、「教えすぎ（over teaching）のコーチング」もここに含めることができよう。それは、たとえ励ましの言葉であっても、その本質が「強制」であるかのようなコーチングである。ところで、「セルフ１」のコーチと相性が良いのは「セルフ１」の選手である。「セルフ１」の選手は「セルフ１」のコーチの命令を従順に受け入れ、両者は一致団結して「セルフ２」の選手を馬鹿にするだろう。「セルフ２」の選手がうまくプレーできないのは、「セルフ１」のコーチと選手が口をはさむからなのに、である。

　他方、超社会化のコーチングの系列（「育成」）に入るのは「セルフ２」のコーチである。その典型はガルウェイふうの「見守るコーチング」で、「セルフ２」のコーチは「セルフ１」の選手の活動を鎮め、「セルフ２」の選手の身体感覚への感度を高めて、彼の潜在能力を引き出そうとするだろう。ところで、「セルフ２」のコーチは「セルフ２」の選手の心身状態を把握しておく必要がある。この種のコーチングについてはいわば「ともに生きるコーチング」をイメージすることができる。すなわち、「セルフ２」のコーチは、後述するように、「セルフ２」の選手の中に入り込み、選手の身体感覚を直接的に把握しようとするのである。そして、「セルフ２」のコーチと「セルフ２」の選手は協力して、「セルフ１」の影響力を弱めようとするだろう。

2.　結城匡啓のコーチング論

（1）感覚のイメージ化

　ガルウェイ理論によれば、超社会化のコーチングとして「見守るコーチング」と「ともに生きるコーチング」が想定される。そこで、次に、結城匡啓のコーチング論─以下結城理論と呼ぶ─を取り上げよう[3]。結城理論にはその両方が含まれている、と考えられるからである。

　結城理論では、選手のパフォーマンスにおける、物理的事実（＝客観的事実）と感覚的事実（＝主観的事実）が峻別されている。物理的事実とは数値化されるデータのことであり、客観的な指標であるという意味で中立的である。それゆえ、パフォーマンスの理想値と現在値との偏差を把握し、その偏差を埋めるために使用することもできるし（＝社会化の指標）、自分の身体感覚を感じ取

るためのヒントとして使用することもできる（＝超社会化の指標）。結城はバイオメカニクスの専門家なので、前者を軽視することはない。しかし、第一義的に重視するのは一貫して後者である。形式知としての理想形を置くとしても、その理想形における「運動の質というか、力のリズム感やアクセントの感じ」（感覚的事実）の把握が最重要課題となるのだ（結城，1999：39-40；2011：327-329）。

　結城理論では、物理的事実でさえ、身体感覚を把握するための方法の１つとされる。そこで、より感覚的事実を重視する「技術カルテ」というコーチング方法を紹介しておこう。「技術カルテ」とは選手が自分の感覚的事実を言語化したノートのことであり、結城理論では選手に（練習後、毎回）「技術カルテ」をつけることを求めるのである。もっとも、言語化すると言っても、感覚は論弁的に表現することができないので、比喩的に表現される。たとえば、結城自身はスケートの刃を氷に接着させる感覚について「ほうきで掃く」と表現する。「『ほうきで掃く』というのは、ある時間をかけて地面に接するというような意味合いが私の中にもあります。スケートが接して、体重がゼロから一〇〇になるまでに少し時間を要しながらスーッと。〈中略〉そう感じた後は、ほうきで掃いてつなげていくだけなのですよ。つなげていくだけで、もうずっと氷から力をもらい続けるような感じです」（結城，2011：320）。

　「技術カルテ」をつけるのは感覚の再現性を高めるためである。選手は、一般に、一度できるようになった動作について、そのときの身体感覚を意識せずに滑れるようになるまで反復練習する。しかし、こうした身体動作の自動化は（その動作が）「狂ったときに自分がどうやっていたのか分からない」といった事態を招く。「技術カルテ」が役立つのはこうしたときである。すなわち、「ほうきで掃く」といった「わざ言語」（運動を比喩的に表現した言葉）を発明しておけば、選手にとっては感覚の再現が容易になるし、コーチにとっても選手の修正点を把握しやすくなる、というわけである。「言語能力というのはたぶん、言葉の意味を知っているかということではなく、身体の知識としての自分の感覚を、自分の中で再現性のあるものとして書けるかどうかと私は解釈しています」（結城，2011：313, 320-321）。

(2) 潜り込みという方法

　さて、物理的事実を身体感覚の把握のヒントとして利用したり、「技術カルテ」をつけることを求めたりするのは、われわれの類型では「見守るコーチング」に入るコーチング方法と言えよう。というのは、そこでのコーチの役割は相対的に小さく、どちらかと言えば選手が自分の身体感覚を的確に把握できるようになることを重視しているからである。

　そこで、次に、「ともに生きるコーチング」に入る（と思われる）方法を見てみよう。結城によれば、コーチングの現場では3つの自己観察が交錯している。1つ目は選手が自分の身体感覚を把握する「選手の自己観察」、2つ目はコーチが自分の身体感覚を把握する「コーチの自己観察」、3つ目は選手の身体感覚をイメージする「（コーチによる）想像の自己観察」である（結城, 2011：332）。この中で分かりにくいのは「想像の自己観察」であろう。これは、コーチが単に「選手の自己観察」を想像するというのではなく、「コーチの自己観察」と「選手の自己観察」をイメージの中ですり合わせることである。換言すれば、自分の身体感覚を通して、選手の身体感覚を把握しようとするのだ。

　では、どのようにして「（コーチによる）想像の自己観察」は可能となるのか。その方法こそ「潜り込み」にほかならない。結城は、「潜り込み」について、「私と選手の間の敷居を取り去り、自分でない選手を自分が動かそうとしながら見る」（結城, 2011：321）と定義する。しかし、この規定は通常の思考では難解である。まず、「私と選手の間の敷居を取り去り」とはどういうことなのであろうか。当たり前のことだが、コーチの身体と選手の身体は物理的に別々の場所に存在している。また、両者の身体感覚もそれぞれ固有のものである。しかし、両者の間の敷居は取り去ることができる、というのだ。換言すれば、そこでは、コーチと選手という特異な存在者同士が（イメージを通して）相互浸透するのであり、それゆえ「一緒に滑っている感じがあります」（結城, 2011：322）と言われるのである。こうした相互浸透を認めるとすれば、「自分でない選手を自分が動かそうとしながら見る」という規定も了解できる。「一緒に滑っている」のだから、（イメージを通して）コーチは選手の動きのぎこちない部分を感じ取ることができるだろうし、「動かそうとする」こともできるはずなのだ。

第4章　方法としての「直観」

　コーチは「潜り込み」という方法によって、選手の身体感覚を（イメージを通して）把握し、そこで感じ取った違和感を修正内容として選手に伝えることができる。また、「潜り込み」を通して把握した感覚は、「セルフ２」のコーチの中に保存されることになるだろう。とするならば、選手がスランプに陥ったとき、コーチは（その選手の）良い時の身体感覚を（自分の）「セルフ２」から引き出し、スランプ中の選手の身体感覚とすり合わせることもできる、ということになる（結城、2011：321-322）。これは、「調律としてのコーチング」とでも言えるコーチング方法である。

　結城理論における「潜り込み」という方法は「ともに生きるコーチング」（「一緒に滑る」）の典型である。そして、この「ともに生きるコーチング」によって「調律としてのコーチング」は可能になる。しかも、「ともに生きるコーチング」は「見守るコーチング」の前提でもあるだろう。選手の心身の状態を的確に把握せずして、どうして適切なタイミングで、適切なアドバイスなどできるだろうか。たとえば、結城は「潜り込み」能力が高く、しばしば選手よりも先に修正点を把握することができる。しかし、彼は選手に自分の把握した感覚を押しつけることはしない。選手の「気づき」が一番大きくなるタイミングを見計らって、適切なアドバイスを行うのだ。なぜなら、スポーツ選手は概して自分で納得する、すなわち「気づき」がないと上達しないし、コーチを信用しようともしないからである。「こちらで完全に見抜き、選手が完全に気づいていない場合でも気づかせるという伝え方をしないと、実際のパフォーマンスにつながらないことが多いです。命令的な言い方をしようものなら、こちらをまず認めようとはしないでしょう」（結城、2005：58）。

　しかし、こうしたコーチング理論を展開するためには、その出発点である「潜り込み」について、すなわちコーチと選手の相互浸透について明確にしておく必要があるだろう。そうでなければ、彼にしかできない方法として──ある意味でそうなのだが──、一種の特殊なコーチング方法として位置づけられてしまうことになる。

3. 潜り込みに関する理論的考察

(1) ポランニーの暗黙知理論

　結城は「潜り込み」について記述的に規定しているにとどまる。しかし、「潜り込み」はあらゆるコーチングの基礎であり、実は、全ての人間が生きている限り―その能力の高低はあるが―常に実践していることでもある。この点を確認するため、われわれはポランニーの暗黙知理論とベルクソンの直観論を援用し、「潜り込み」を1つのコーチング理論として基礎づけておくことにしよう。

　「潜り込み」は、ポランニーの「潜入」（棲み込み、dwell in=indwelling）という概念を想起させる。「潜入」は彼の有名な暗黙知理論に含まれるので、まず暗黙知理論の基本構造を確認しよう。

　暗黙知とは言葉で語ることのできない知のことである。たとえば、われわれは自転車に乗ることができるが、どのようにしてバランスをとっているかを言葉で説明することはできない。バランスをとるためには様々な筋肉が協働して

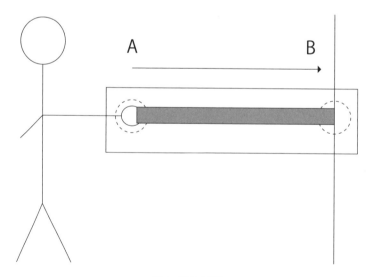

図6　注意の移動

いるはずであるが、われわれはこうした協働を意識することもない。つまり、「乗ることができる」という端的な事実の裏では実は暗黙知が作動しているのだ。

　この暗黙知の構造について有名な探り杖の例を取り上げよう。図6を見てほしい。探り杖を使うとき、当然、主体は手に杖の質感を感じる（A）。しかし杖を使うことに慣れれば、主体の注意は手と杖の接触点（A）から杖と壁の接触点（B）へと移動していく（A→B）。あるいは、もっと日常的な例で言えば、鉛筆で字を書くときのことを思い浮かべれば良いだろう。鉛筆を手に持つとき、主体は手に鉛筆の質感を感じる（A）。しかし、いざ紙に字を書くときには、主体の注意は手と鉛筆の接触点（A）から鉛筆の先と紙の接触点（B）へと移動しているのである（A→B）。

　ここで重要なのは、紙に鉛筆で字を書いているとき（A→B）、主体の注意は鉛筆の先と紙の接触点（B）に向けられるので、手と鉛筆の接触点（A）の方はあまり意識されなくなるという点である。実際、手と鉛筆の接触点（A）に注意を向けるやいなや、まともに字を書くことはできなくなるのだ。そこで、ポランニーは、こうした行為が成立しているとき（A→B）、Bの場所（遠隔項）に向けられる意識を「焦点的意識」と呼び、Aの場所（近接項）で半ば無意識化される意識を「従属的意識」と呼んで区別する。もちろん両者は1つの行為において「溶け合っている」が、意識の在り方は確かに異なっている（Polanyi, 1962=1985：51-54；1966=1980：24）。

　こうした現象は、ポランニーによれば、4つの側面を含んでいる。1つ目は現象的側面で、これは「従属的意識」が「焦点的意識」の方に伸びていくという点を指している。また、2つ目は機能的側面で、これは「従属的意識」が「焦点的意識」を助けるように暗黙的に作動するという点を指している。そして、3つ目は意味論的側面で、これは「従属的意識」が「焦点的意識」によって方向づけられる（意味づけられる）という点を指している。さらに、4つ目は存在論的側面で、「従属的意識」と「焦点的意識」が1つの関係──「包括的全体」（comprehensive entity）──として存立しているという点を指している。繰り返して言えば、1つの行為は「従属的意識」が「焦点的意識」に伸びるだけでなく、「従属的意識」が「焦点的意識」を暗黙的に助けることで成立している。そしてそれは「従属的意識」が「焦点的意識」によって方向づけられるということ

であり、また「従属的意識」と「焦点的意識」が1つの関係として存立しているということなのだ（Polanyi, 1966=1980：22-28）[4]。

では、こうした暗黙知理論において「潜入」はどこに位置づくのだろうか。ポランニーは言う。「ある事物を暗黙知の近接項〔筆者注：『従属的意識』〕として機能させるときには、われわれはそれを身体の内部に統合し、あるいはそれを包含しうるように身体を拡大し、結局我々は、その事物の中に潜入する（dwell in）ようになる、ということができる」（Polanyi, 1966=1980：33）[5]。探り杖の例で言えば、手と杖の接触点（A）が「従属的意識」となったとき、杖は身体の一部となり、身体は杖の一部となっている。そこで、こうした「従属的意識」における身体と事物の相互浸透を、ポランニーは「潜入」と呼ぶのである。つまり、手と杖は別々のモノであるが1つになるのであり、それゆえ手で壁に触れているように—物理的に接触しているのは杖と壁であるが—感じられるのだ。

さて、以上の知見をもとに、「潜り込み」を解釈してみよう。「潜り込み」の場合、人間と事物の関係ではなく、人間と人間の関係である。しかし、暗黙知理論は包括的な理論なので、人間と人間の関係にも応用できる。今、コーチが選手の滑っている様子を見ているとしよう。ただ、「見ている」と言っても外側から客観的に観察しているわけではない。「見る」というのは1つの行為であり、比喩的に言えば、目で選手の身体を「触っている」という感じである（実際、人間が行う限り、完全に客観的な観察などありえないだろう）。このように考えれば、このとき、コーチの注意は、自分の目と選手の身体の接触点（A）に置かれている、と言えよう。ところで、杖でその先に何があるかを探っていると、主体の注意は杖の先へと移動し（A→B）、そのとき手と杖の接触点（A）は「従属的意識」となり、手と杖は相互浸透するのであった。そこで、コーチは選手の身体を見ているうちに、その注意が選手の滑りによって切り裂かれるであろう「前方に移動する」（A→B）と考えてみよう。そうすると、このとき、コーチの目と選手の身体の接触点（A）は「従属的意識」となり、コーチの目と選手の身体は相互浸透することになるだろう（=「潜入」）。言うまでもないが、この場合、単に視点を前方に移せば良いというわけではない。これでは、新たな近接項（A）を増やすだけになってしまうからである。そうではな

く、あくまでコーチの目と選手の身体の接触点（A）を「前方に移動させる」（A → B）のだ。このように、「視点の移動」ではなく「注意の移動」によって「潜入」は成立する、というわけである。

「潜入」の概念をふまえれば、コーチの身体と選手の身体の相互浸透は不思議な現象ではなく、ある意味でわれわれの日常的実践と通底するものであることに気づくだろう。しかし、「潜入」の概念は「注意の移動」という視点から捉えられているため、主体と対象の相互浸透は消極的に描かれるにとどまる。そこで、われわれは、「潜り込み」をより積極的に描くため、ベルクソンの「直観」の概念を検討することにしよう。

(2) ベルクソンの直観論

ベルクソンは、「直観」を「持続のなかに身を置き直し、現実世界の本性である運動性において現実世界をあらためて捉え直すこと」（Bergson, 1934=2017：38）と規定している[6]。「持続」とは、川のように、分割不可能で常に変化している流れのことである。そして、こうした「持続」の運動性を捉えるための能力―1つの方法でもある―こそ「直観」なのだ。ベルクソンは「持続」の典型を人間の内的意識に見出しているが、ここでは運動についての考察を取り上げよう。

ベルクソンによれば、運動は2つの立場で捉えることができる[7]。1つは「知性」の立場（運動を分節して捉える）であり、もう1つは「直観」の立場（運動をその運動に即して捉える）である。たとえば、スピードスケートを見るとき、「知性」はスケーターの運動を分節し、ある位置点（A）から別の位置点（B）への移動として捉えるだろう。また、そうしたければ位置点をもっと細かく分節し、スケーターを任意の位置点の上に置き、「位置間の移動」にかかる時間を測定することもできる。しかし、ここで忘れてはいけないことがある。それは、スケーターは「動いている」ので、それらの位置点の上に実際に「止まる」ことはありえないという点である。もし「止まる」と仮定するなら―これが「知性」の立場である―、スケーターは「動いている」のに「動いていない」ことになり、論理矛盾を招いてしまうだろう。換言すれば、「知性」は「動くもの」を「不動の位置点」の上に置こうとするのであり、運動そのものを捉えるもの

ではないのだ。これに対して、「直観」は、スケーターの運動を、「位置間の移動」ではなく「分節できない持続」として捉える。そこでは、任意の位置点の上にスケーターを置くのではなく、スケーターが前進しようとする連続的な努力を感じ取ろうとするだろう。また、スケーターの運動を計測するのではなく、その運動をなぞろうとするだろう。このように、「知性」は運動を外側から捉えようとするのに対し、「直観」は運動を内側から捉えようとするのだ。

　ベルクソンの洞察をふまえれば、「知性」は科学の態度であり、スポーツで言えばバイオメカニクスの態度がこれである。しかし、この立場では運動そのものを捉えることが困難であり、それゆえベルクソンは「直観」によって「持続」に「身を置き直すこと」を求めるのだ。これはまさに「潜り込み」という方法そのものではないだろうか。

　ところで、「直観」はいかにして可能なのだろうか。ベルクソンは言う—「直観は、したがって何よりも、［生命活動の］内的持続にその基礎を置いているのである。〈中略〉直観とは、だから、まず第一に意識のことであるが、しかしそれは直接的無媒介的な意識であり、見られた対象物とほとんど識別できない一つのヴィジョンであり、接触であり、合一とも言える〔共＝知としての〕意識なのである。〈中略〉無自覚に人が感じる共感や反感は、たいていの場合、占いのようなものであるが、人々の意識相互間に相互浸透が存在しうることを証言している」(Bergson, 1934=2017：40-41)。ベルクソンによれば、「直観」の根拠は一人ひとりの内的持続にある。すなわち、われわれは自らの内的持続を通して、対象の内的持続と「接触」し、「合一」できる、というのだ。ここでベルクソンは意識相互間の相互浸透を指摘しているが、これを身体相互間の相互浸透に適用しても良いだろう。身体は不変のように見えて常に変化しており、身体運動はと言えば、先に見たように、まさに分節不可能な持続であるのだから[8]。

　ベルクソンの「直観」の概念は、ポランニーの「潜入」の概念とほとんど同じである。しかし、両者は相互浸透を捉えるスタンスにおいて異なっている。すなわち、ポランニーにとって相互浸透は「注意の移動」の結果であるのに対し、ベルクソンにとって「注意の移動」は相互浸透の結果なのである。どちらのスタンスを選ぶかは、分析する対象によって異なってくる。たとえば、ポラ

ンニーのスタンスはガルウェイの方法を分析するのに適しているし[9]、ベルクソンのスタンスは結城の方法を解釈するのに適している。「潜り込み」の定義を思い出してほしい。それは、「私と選手の間の敷居を取り去り、自分でない選手を自分が動かそうとしながら見る」（結城，2011：321）という方法であった。ベルクソンふうに言えば、「私と選手の間の敷居を取り去る」とは「『直観』によって選手の運動をそのまま捉える」となるだろう。また、「自分でない選手を自分が動かそうとしながら見る」とは「自分の持続を通して選手の持続と接触する」となるだろう。つまり、「潜り込み」とはまさに「直観」のことなのだ。

「直観」は頭で理解して実行できるほど簡単な方法ではない。常に「知性」が「直観」にとって代わろうとするからだ。では、「持続へ身を置き直す」ために、すなわち「直観」を活性化させる方法はないのだろうか。ベルクソンの記述を辿れば、2つほどヒントを見つけ出すことができる。1つは「直喩や隠喩による暗示」（Bergson, 1934=2017：55）であり、もう1つは「真似る」こと（Bergson, 1934=2017：117-118）である。前者は次章で論ずるとして、ここでは後者について簡単に触れておこう。

ベルクソンは、小説を理解するためには何より「味わう」ことが必要であり、「味わう」ためには子どもがそうするように「登場人物を真似、その仕草や、その態度や、その振る舞いを真似る」こと、すなわち「運動の知覚」が必要であると指摘している（Bergson, 1934=2017：117）。これは小説の理解だけでなく、身体的技能の習得にも通ずる指摘である。たとえば、日本型の稽古を思い浮かべてみよう。そこでの稽古は何よりもまず師匠の「真似」から始まる。そして、単に外形を似せる―「形」の「模倣」―だけでなく、師匠の内的な心身図式を辿ること―「型」の「なぞり」―が求められるのである（尼崎，1990：181-189）。あるいは、亀山（2013：95-98）は「同型同調」と「相補同調」を区別し、両者の根底には「基底同調」が存在すると指摘している。「同型同調」とは師匠の動き（リズム）に自己の動作（リズム）を合わせることであり、「相補同調」とはお互いの異なる動作（リズム）をなぞり合うことである。たとえば、キャッチボールにおいて、投げる側は受ける側の動き（リズム）を潜在的になぞり、受ける側も投げる側の動き（リズム）をなぞっているだろう。そして、こうした同調を可能にする（メタの）次元として「基底同調」が想定され

るのである。われわれの文脈に置き直せば、「基底同調」とは「直観」に基づく相互浸透であり、「同型同調」と「相補同調」は「直観」を活性化させる方法である、と位置づけることができよう。つまり、「直観」は「形」を手がかりとすることで活性化させることができるのだ。

　最後に、「直観」の正確さについて指摘しておこう。「直観」は「現実世界の波動を追跡している点において、どれほど有益であるだろうか！　その形而上学は、事物世界の全体を一挙に抱き取ろうとはしない。だがそれは、一つ一つの事象について、正確に、限定的に適合する説明を提供してくれるだろう」（Bergson, 1934=2017：39）。コーチは、（先行する）ある型から出発してはいけない。まず、選手の身体の動きの中に身を置き、その相互浸透の程度を深くしていくべきである。そして、そこで見出されてくるのは、選手の、まさにその選手だけに当てはまる動きや身体感覚、つまり選手の「身体の特異性」であろう。コーチの「直観」能力あるいは「潜入」能力によって、選手との相互浸透の程度は決まってくる。そして、その程度が深くなればなるほど、「一緒に滑っている」というより「一緒に生きている」という方が正確な表現になるだろう。それゆえ、「ともに生きるコーチング」はコーチングの原型である、と言えるのだ。

おわりに

　本章では、「身体の特異性」―特に身体感覚―を重視するコーチングについて考察してきた。まずガルウェイ理論の検討を通して、社会化のコーチングと超社会化のコーチングの内実を示し、さらに超社会化のコーチングを「見守るコーチング」と「ともに生きるコーチング」に分けたのであった。そしてその上で、（両者を含んでいる）結城理論を取り上げ、「ともに生きるコーチング」の１つである「潜り込み」という方法を検討し、「見守るコーチング」の基礎に置いたのである。しかし、結城理論は記述的であり、１つのコーチング理論として提示するためには理論的な基礎づけが必要であった。そこで、われわれはポランニーの暗黙知理論とベルクソンの直観論を援用し、「潜り込み」を解釈してきたのである。

選手に「体験」を到来させるためには、適切なタイミングで、適切なアドバイスを与える必要がある。そして、そのためには、刻一刻と変化する選手の心身の状態を的確に把握しなければならない。しかし、コーチと選手は別々の人間であり、両者の身体感覚も異なっている。この事実を前にして、いかにして選手の「身体の特異性」を把握するのか、この点が問題だったのである。本章ではこの疑問に答えてきた。特に、ベルクソンは「直観」（「運動を内側から捉える」）の根拠として「持続」を置いており、また「直観」を活性化させる具体的な方法についても示唆されていた。こうした知見をふまえれば、コーチングの核心とは「コーチと選手の相互浸透の程度を深くしていくことである」と主張できるだろう。あるいは、優れたコーチとそうでないコーチを分かつ点は「直観」能力の差にある、とも言えよう。相互浸透の程度が深くなればなるほど、選手の「身体の特異性」は際立ってくる。つまり、コーチは選手の身体の動きや感覚を「ただそれだけに当てはまる」ような仕方で把握していくことができる。それゆえ、「身体の特異性」を重視するコーチングは何よりも正確さをウリにできるのである。

【第4章注釈】
1) 「強制」と「育成」という2つの視点は、作田（1993：53-57）による「監視する他者」と「育成する他者」の区別による。
2) ガルウェイ理論は、スポーツにおけるコーチングの発端とされるだけでなく、ビジネスにおけるコーチングの発端の1つとしても位置づけられている（O'Connor et al., 2007＝2012：28-32）。
3) 結城はスピードスケートのコーチで、ガルウェイと同じく、選手の身体感覚を重視するコーチである。彼は清水宏保や小平奈緒といったメダリストの指導者としても知られており、2014年のソチオリンピックにもコーチとして派遣されている。なお、結城理論の検討において、社会化、超社会化、「セルフ1」、「セルフ2」といった用語を自由に使用しているが、結城自身は使用していないことをお断りしておく。
4) 「従属的意識」と「焦点的意識」の区別について、「部分」と「全体」の観点から捉え直せば、上位レベル（「全体」）の創出（inventiveness）によって下位レベル（「部分」）は暗黙知化される、と表現することができる。ポランニーは、この考え方によって暗黙知理論を生命進化論や宇宙論にまで拡張し、「層をなす宇宙」という概念を提起する（Polanyi, 1966＝1980：58-59, 76-82）。この議論の当否はにわかに判定できないが、こうした理論展開を保証するはずの「創出」については不十分な考察にとどまっているように思われる。
5) 「潜入」の概念はポランニーの定義そのものが曖昧であり、この概念を使用する者も

その曖昧さを引きずる傾向がある。たとえば生田は、伝統芸能における内弟子制度の教育的意義を論じる中で、「当の『わざ』の世界に身をおく、潜入させるという要素が極めて重要な要素になっている」と指摘し、「潜入」によって「『わざ』の世界全体を流れる空気を自らの肌で感じ、師匠の生活リズム（呼吸のリズム）を、そしてさらには当の『わざ』に固有の『間』を自分の呼吸のリズムとしていくことができる」（生田, 1987：72-76）と述べている。「潜入」とは「世界」に身を置くことであり、それによって言語化できない要素（リズム）を身につけることができる。こうした用法は可能であると思われるが、彼女は厳密な理論的検討を行っているわけではなく、かなり自由に「潜入」概念を使用している。しかし、それは、使用者の責任というより、ポランニーの責任であるように思われる。

6) ベルクソンの「直観」の概念は、多くの哲学者が提示したような「絶対への瞬間的な飛躍」という意味ではない。この点においてベルクソンはカントと一致する。しかし、両者は次の点で大きく分かれる。すなわち、カントが「物自体」は認識できない（人間は悟性のカテゴリーを通してしか認識できない）と主張するのに対し、ベルクソンは、人間は「物自体」をすでに生きており、少なくともその一部分は「直観」によって捉えられると主張するのである。たとえば、時間は、カントにとっては先験的な「カテゴリー」であるが、ベルクソンにとっては「持続」であり、人間の内的意識の中に見出せるものである。こうした（すでに生きている）「持続」を改めて見出そうとする努力（あるいは方法）が「直観」なのである（Bergson, 1934=2017：34-40；前田, 2013：93-100）。

7) 以下は、ベルクソンの運動についての考察を、筆者なりにまとめたものである。ベルクソンは多くの個所で運動を考察しているが、たとえば Bergson, 1934=2017：15-18, 198-205, 253-257 を参照のこと。

8) ベルクソンは、「持続」の概念を、内的意識や運動だけでなく、「持続」の程度という観点から、生命体一般（＝緊張）、また物質一般（＝弛緩）へと拡張していく。ここで分かりにくいのは物質が「持続」しているという点だろう。しかし、たとえば「氷のコンディション」を思い浮かべてみよう。われわれは氷を「不変のもの」（「氷は氷である」）と見なしたり、「諸状態間の移行」（「氷は溶けて水になる」）と考えたりする。しかし、スケーターは氷のコンディションの不断の変化を感じ取り、それに合わせて身体の動きを常に調整しているのではないだろうか。つまり、スケーターは「直観」によって氷のコンディションの変化を内側から捉えている、と考えられるのである。

9) ガルウェイのコーチング方法は「従属的意識」と「焦点的意識」の関係を巧みに組み合わせたものとして解釈できる。たとえば、「ボールの縫い目」を見る練習法は、ボールの縫い目に注意を集中させることで（「焦点的意識」）、手とラケットの接触点や足と地面の接触点を暗黙知化させ（「従属的意識」）、プレーのスムーズさを引き出そうとしている、と考えられる。

第5章
「コツ体験」の構造と誘発

はじめに

　前章では、「身体の特異性」を重視するコーチングを取り上げ、身体感覚はいかにして把握されるのかについて考察した。身体感覚の把握なくしてコーチングはそもそも成立しえない。その意味で、前章はコーチングの基礎論とでも言えよう。

　そこで、本章では「体験」のもう1つの要素である「身体の偶然性」を重視するコーチング―「飛躍」を導くコーチング―を考察していくことにしよう。結城も示唆していたように、コーチングの目的は選手に「気づき」（飛躍）をもたらすことにある。その意味で、本章はコーチングの目的論とでも言えよう。

　さて、「飛躍」の誘発という点で言えば、「飛躍」は何もないところに生ずるわけではないという点が重要となってくる。自転車の例で述べたように、「乗れた」（＝「飛躍」）という「体験」が到来するためには、ある程度の反復練習が必要であり、またある種の予感のようなものが存在しているのである。反復練習とは身体の動きを（先在する）型にはめようとすることなので、「必然性」の水準に属している。それに対して、予感とは「できるかもしれない」という漠とした直感であり、「偶然性」の水準に属している―少なくとも「必然性」の水準ではない―と考えられる。

　こうした点をふまえ、われわれはいわゆる「コツ」と「カン」に注目し、「コツをつかむ」という「体験」―以下「コツ体験」と呼ぶ―がいかにして到来するのかについて考察していくことにしよう。一般に、「コツ」は身をもって体得される技能、また「カン」は一種の予感のようなもの、そして「コツ体験」は偶然的に到来するもの、とされているからである。

本章では、まず「コツ」と「カン」の語義を確認し、「コツ」と「カン」と「コツ体験」がどのような関係にあるのかについて見通しをつけることにしよう。次に、黒田亮の独創的な先行研究を検討し、その問題点を指摘することにしよう。そして、ベルクソンの動的図式論を援用して「コツ体験」の理論を構築し、最後に弓道の阿波研造による独特の指導法を検討することにしたい。

1. コツとカンの語義

「コツ」と「カン」は日常語であり、漠然とした印象を与える。そこで、両者の語義の検討から始めよう [1]。

「コツ」は漢字で表記すれば「骨」である。「骨」は身体を支える堅い組織であり、「骨格」と言えば身体全体を支える中心軸である。こうした生理学的概念が転用されて、次のような意味を担うようになったと推測される。すなわち、「コツ」とは「学問・技術・芸道などの奥義。中軸となる大切なところ。また、それを会得する才能。」、「物事を行なう勘どころ。要領。急所。呼吸。骨合。」である（日本国語大辞典第二版編集委員会他編, 2001b: 856-857）。

この辞書的定義には3つの要素が混在している。すなわち、①主体の素質（才能）、②対象の本質（奥義）、③主体の技能（物事を行なう勘どころ）である。この中でどれか1つの意味を選ぶとすれば③であろう。というのは、経験上、「コツ」は「コツ体験」を通してはじめて身につく、と考えられるからである。逆に言えば、主体の側であれ（①）、対象の側であれ（②）、「コツ体験」よりも前にどこかに「コツ」が存在していたわけではないのだ。そこで、ここでは「コツ」を（消去法によって）③の意味に限定しておこう。

さて、「コツ」に論理的に先行するのは「コツ体験」である。しかし、「コツ体験」はしばしば「カン」と呼ばれる直観をともなっている。たとえば、「できる」ようになるとき、そこには一種の「ひらめき」のようなものがつきまとっている。こうした「カン」は漢字で表記すれば「勘」、そしてその意味は「直感で物事を判断すること。また、その能力。第六感。」（日本国語大辞典第二版編集委員会他編, 2001a: 1208）とされている。

では、「コツ」と「カン」と「コツ体験」はどのような関係にあるのだろうか。

黒田の考証（1923=1980：22）によれば、「カン」とは「認識および判断などに現われる霊妙な一種の直覚力」であり、この「カン」が「意志動作の習熟に伴うある特殊の体験的事実に対して」使用される場合に「コツ」を意味するという。この規定の要点は「カン」（直覚力）が意志動作の文脈で現れるときに「コツ」と呼ばれるということであり、一言で言えば「カン」の中に「コツ」を含めるということである。確かに「コツ」を発揮するときには「カン」が作用しているだろう。しかし、ここでは、現象の記述ではなく「コツ体験」を構造的に捉えたいので、「コツ」と「カン」を概念的に区別し、次のように考えておくことにしよう——すなわち、「『カン』によって『コツ体験』が到来し、『コツ体験』によって『コツ』が体得される」、と。要するに、「コツ体験」の2つのアスペクトとして「コツ」と「カン」を捉えてはどうか、というわけである。

2. 黒田亮の立体心理学

(1) 識と覚

　「コツ」と「カン」にかかわる稀有な先行研究として、黒田亮の立体心理学を取り上げよう[2]。

　黒田によれば、自我に直接に与えられる精神的事実には「識」（consciousness）と「覚」（comprehension）がある。「識」とは外部から与えられた水平的な意識であり、「覚」とはこの水平的意識の次元に、ある種の意志的工夫を施すことで深さを有するに至った垂直的な意識である。たとえば、同一の木であっても、素人にはただの木として意識に映ずるだろうが（＝「識」）、大工は木の内的特質を見抜いているだろう（＝「覚」）。こうした「覚」の体験を記述する学こそ、彼の言う立体心理学であり、「カン」と「コツ」はそこに一括される（黒田，1923=1980：110-111, 303-304）。

　銀行の偽札鑑定員の例を取り上げてみよう。彼は大量の札を数えつつ、その中から偽札を探し出さなければならない。「長い経験がそうするのでしょうか、指の先でサッサッサッサッと算えているうち、もし偽紙幣があると、そこで算えている手が自然ピタリと止まります。それが手ざわりからか、感というものからくるのかわかりませんが、とにかくピタリと止まって次の札へと手が行か

なくなるのです。そしてその札を引き出してみますと、やはり偽札ですね」（黒田，1923=1980：102）。

　素人にとって大量の札は同じに見える（＝「識」）。しかしこの鑑定員は本物と偽物を見分けることができる（＝「覚」）。そして、「ピタリと手が止まった」瞬間には明らかに「カン」が作動している。しかし、「カン」は長年の経験によって身についた技能を前提としており、その意味で「コツ」の作動も認めなければならない。こういう次第で、黒田は「コツ」と「カン」を「覚」の体験として一括するのである。

(2) 那一点の概念

　次に、「覚」の特徴を抽出してみよう。その際、「那一点」と「直指」という2つの概念を検討することが有効だと思われる。
　「那一点」から始めよう。「那一点」とは対象の急所を指す概念である。ペン使用という単純な事例を取り上げて、黒田は次のように言う。「この中心は、物理的にどことさすことは困難ではあるが、とにかく一本のペン軸を代表するに足るひとつの中心が、考えられる。強いておおよその見当をいえば、まず三本の指によって書記の場合に支えられる部分に、この中心が局在しているかの感じがする」（黒田，1928=1981：44）。われわれは字を書こうとして、ペンを手に取る。その時、手に取るべき場所は直観的に把握されるが、その場所こそ「那一点」なのである。
　しかし、「那一点」は対象の急所であるとともに、あるいはそれゆえに、1つの機能的中心でもある。すなわち、那一点は「これによって全体を支持し、全体を動かす支点にもなっている」（黒田，1928=1981：45）、というのだ。この機能的中心としての「那一点」は空間的側面と時間的側面を有している。前者はある種の図式性を含意する。すなわち、「点」であるとはいえ、「那一点」はペンを持って字を書くという一連の連続的行為（＝図式）を含んだ「点」なのである。そしてこの図式性という特徴によって、1つひとつの行為はその終局を先取りするような仕方で、あるいは終局に導かれるかのように進行することになる。たとえば、ペンを手に取った瞬間、字を書くという動作が、あるいは書くべき文字でさえ、先取りされてしまうのである。これが時間的側面であ

第5章　「コツ体験」の構造と誘発

り、「覚」の動的な性質と呼ばれる（黒田，1923=1980：94-95, 305-309）。つまり、「那一点」とは一連の連続的行為（＝図式）を含む「点」であるとともに、来るべき終局へと導いていく「点」なのである。ここから、「覚」の特徴として、図式性と動的な性質という2点を導き出すことができる。

(3) スポーツ技能への適用可能性

「直指」の検討に入る前に、「那一点」の概念がスポーツの技能にも容易に適用可能であるという点を確認しておこう。たとえば、落合博満のバッティング理論によれば、「スイングとは、いくつもの動きがひとつにつながってゆく精密な動作」（落合，2003：43）である。それゆえ、下半身の動かし方、上半身の動かし方、あるいは両者の連動性等々に関して、無数の留意点が存在する。ここでは上下半身の連動性を中心に検討してみよう。

まずトップの位置（振り出しの位置）に入れる動きについてである。この時、「下半身はできるだけ捕手よりにひねって回転のパワーを蓄え」、上半身は「顔や肩の位置を動かさず、しかしバットを握った両腕をトップの位置に入れる［筆者注：捕手側に引き絞ってパワーを溜める］形を作らなければならない」。顔と肩の位置を固定しておくのは、投手のボールがブレないようにするためである。そこで、上半身と下半身は反対の動きになる（落合，2003：112）。

次に、トップの位置からインパクトにかけての留意点はこうだ。「下半身は、捕手よりにひねって蓄えたパワーを活用して、絞った手ぬぐいをほどくように、今度は投手よりに回転させてゆく。しかし、上半身はボールを（目で）捕捉しながら、下半身につられて回転しないように我慢する」。そして、「グリップをボールにぶつける」感覚で、トップの位置からミートポイントに一直線に振り出す。ここでも、上半身と下半身は反対の動きになる（落合，2003：109, 112-113）。

最後はフォロースルーの留意点である。この段階では「回転運動で生まれたパワーをできるだけ自然に逃がしてやるために、バットを握った腕はセンター方向へ抜き、体は上下半身ともに回転してゆくことを許容する」（落合，2003：113）。

以上がスイングにおける上下半身の留意点である。これらの留意点は全て「那

一点」として機能する可能性を持っている。たとえば、トップに入れる動きは次に続く動きと連動しているし（＝図式性）、1つひとつの動作は最後のフォロースルーに引き寄せられるかのように進行するだろう（＝動的な性質）。とするならば、トップの位置に「那一点」を見出している実践者は、そのトップの位置にバットがスムーズに入った瞬間、来るべきホームランを予感するとしても全く不思議ではないわけである。

このように、「那一点」は対象の急所というだけでなく動作の急所（＝機能的中心）でもある。トップの位置にも、ミートポイントにも、何らかの対象が存在しているわけではない。スイングの「那一点」とは、スイングを構成する諸動作のどこかに実践者が重要だと感じて独自に設定した場所、すなわち彼しか知らないスイングの急所なのである。つまり、上記の無数の留意点は、実践者によって把捉されてはじめて「那一点」として機能するようになるのだ。この点を確認するため、再び黒田の議論に戻ろう。

(4) 直指の概念

「那一点」を把捉する作用は「直指」と呼ばれる。「直指」は、対象の単なる認識（＝「識」）ではなく「覚」の作用であり、対象を「わが生命圏内に持ち込み、これを有機化すること」、「自分の血の中に、また肉の中に、これを迎え入れること」である。たとえば、われわれは自分の飼い猫と他の猫とを即座に識別することができる。このことが可能なのはその猫の「那一点」を把捉しているからであり、その猫と独特の因縁を結んでいるからなのだ。「直指」の作用している時、われわれの姿勢は能動的であり（＝積極性）、あらかじめ決定した態度で向き合っている（＝規定性）（黒田，1928=1981：86-87, 106-107）。

では、「直指」はいかにして可能となるのだろうか。この点は彼の学習論に透けて見える。彼によれば、学習は、問題の解決が既に与えられている場合と、問題と解決の間に隔たりのある場合に分けられる。前者は同一作業の反復であり、後者は「創造の働き」にかかわる。そして、両者を分かつ心理学的基準の1つは努力を要するか否かにある（黒田，1928=1981：112, 115）。

「直指」は「創造の働き」にかかわるが、この学習過程は以下のように進行するという。まず「方向づけ」の段階である。すなわち、学習者は問題の解決

を目指して「一定度の緊張状態」に置かれ、到達すべき目標に向かって方向づけられる。この「方向づけ」は学習過程の軌道から逸れすぎないための「見張り番」である。次の段階では、この「見張り番」は「操縦する舵手」の位置に退き、「問題解決に向かって処理されるべき学習材料そのものの上に現れる変化」が前景に出てくる。そして学習活動は「逐次目標に向かって接近し、最後に問題解決の端緒をつかむ」に至る。ところで、こうした学習過程は次元の向上（＝創造）を必ずともなっており、日々の生成に思い致せば、人生にも比せられるという（黒田, 1928=1981：112-114, 118-119）。

(5) 小括

さて、黒田の議論では、「識」と「覚」の差異に基づき、「コツ」や「カン」の特徴が描かれていた。しかし、彼の議論は基本的に記述的であり、それゆえいくつかの問題を抱えているように思われる。

第1の問題は、「カン」と「コツ」を「覚」の体験として一括してしまうという点である。両者は確かに現象の中では相互に混じり合っている。そして、「カン」が主に認識や判断にかかわり、「コツ」が主に身体的技能とかかわっていることも納得できる。しかし、こうした考え方では「カン」と「コツ」の関係が捉えづらくなるし、「カン」や「コツ」がどのようにして生成するのかという発生論の問題が捉えづらくなってしまう。

第2の問題は、彼の記述が「主体－対象」という枠を前提にしているという点である。たとえば、「那一点」は対象の急所であるとともに機能的中心でもある「点」であり、「直指」はこの「那一点」を把捉する作用のことであった。つまり、両者は「覚」の体験における主体側と対象側の特性記述として位置づけられる。しかし、こうした立論では、「主体－対象」の枠そのものの更新―「飛躍体験」―を捉えることが難しくなってしまうのである。

要するに、彼は「主体－対象」の枠を前提にした現象論から出発するため、「飛躍体験」などの発生論が射程に入りづらくなっているのである。そこで、われわれはベルクソンの動的図式論を導入し、「飛躍体験」を射程に収める理論を構築することにしよう。

3. ベルクソンの動的図式論

(1) 記憶の逆円錐

　ベルクソンの動的図式論は記憶論を前提としている。そこで、彼の記憶論の基本枠組について、有名な逆円錐モデルを用いて概説しておこう[3]

　図7の平面Pは物質の世界、逆円錐は記憶の世界、逆円錐の諸断面は意識の深さ、Sは物質と記憶の接触点（＝身体）を示している。ベルクソンによれば、現在の知覚＝行動は、現下の状況にとって必要な記憶を挿入することで成立している。たとえば、バッターがピッチャーのボールを打った瞬間、バッターはボールの行方を横目で見つつ、一塁ベースへと走っていく。このとき、ボールの行方を「見て」、また一塁ベースを「見て」、その上で「走る」というわけではない。「見る」という知覚と「走る」という行動は不可分であり、また同時である。それゆえ、ベルクソンは知覚＝行動である、と考えるのだ。ところで、この知覚＝行動が可能なのは、「打ったら一塁に走る」ということを既に知っていたからであり、またこうした知覚＝行動の図式を記憶の中に保持していたからである。このように、繰り返しになるが、知覚＝行動は記憶の挿入によって成り立っているのだ。

　記憶の挿入が行われない知覚＝行動は―実際にはあり得ないが―純粋知

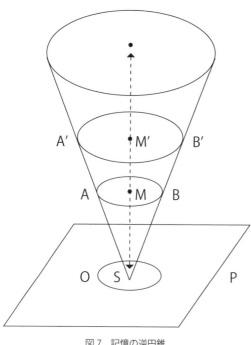

図7　記憶の逆円錐

第 5 章 「コツ体験」の構造と誘発

覚と呼ばれ、平面 P に対する S の自動的な反射運動がそれに当たる。これは現下の状況に対する注意—「生活への注意」—が精神を覆っている場合であるが、逆にこの「生活への注意」が弛緩すると、意識は逆円錐の方に向かって拡散し、夢想状態へと入っていく。この方向の極限は—これも実際にはあり得ないが—純粋記憶と呼ばれ、逆円錐の底面に相当する。このように、純粋知覚と純粋記憶を極限概念として設定すれば、知覚＝行動は、純粋記憶が収縮し、純粋知覚が制限されるところに成立する、と規定できるだろう。図で言えば、現下の状況に合わせてある平面が選択され（平面 AB）、その平面上の諸イメージから適切なイメージが凝縮し（＝点 M）、S の方へと下降する、という具合である。

ところで、人間の行動は、習慣化すると、ほとんど反射的に行われる。たとえば、野球選手は「打ったら一塁に走る」ことについて、わざわざ過去の記憶を参照したりせず、いわば身体の中に埋め込むという仕方で保持している。この習慣化された身体動作は「運動図式（schème moteur）」(Bergson, 1896=2007：123-124, 148-149) と呼ばれており、その図式の通用する範囲が円 O に当たる。

(2) 動的図式の概念

われわれの日常生活はほとんど円 O で、あるいは過去の類似の記憶を参照することで、事足りる。しかし、既存の知覚＝行動の図式を超える新しい知覚＝行動の図式を習得しようとするときは、精神は緊張状態に入り、ある種の努力の感じが生じてくる。

この緊張状態において、逆円錐の中心軸のベクトルの向きは逆円錐の方へと変わる。この方向転換によって意識は拡散するが、ある特殊な「点」—図で言えば点 M′—によって導かれる、とベルクソンは指摘する。もっとも、この「点」は図式（と展開されるべき諸イメージ）を含んだ「点」であり、しかも「イメージを再構成するために必要な指示を含ん」だ「点」でもある。そこで、彼はこの特殊な「点」を「動的図式（schéma dynamique）」と呼ぶのである (Bergson, 1919=2012：231-232)。

「動的図式」の概念を具体的に捉えるために、ワルツの習得の例を取り上げよう。われわれは、ワルツを習得する時、まずワルツを見る。そして、通常

は、そのワルツの視覚イメージに合わせて、すでに持っている運動イメージ（たとえば「歩く」、「身体を回転させる」）を利用して作り変えていく、と考える。しかしここで注意すべきは、学習者に与えられるのは、完璧な視覚イメージではなく、また完璧な運動イメージでもない、という点である（「踊ること」ができないのだから当然のことだ）。では、ここでは何が与えられているのだろうか。ベルクソンによれば、それは「新しい全体的な運動の図式的な表象」（Bergson, 1919=2012：254）（=「動的図式」）であり、この図式の特徴はワルツの諸動作間の関係、特に時間の中で展開されていくときの関係性を描いている点にあるという[4]。つまり、学習者はあらかじめ出来上がった「型」ではなく、ある意味で中間的な表象に導かれて試行錯誤を重ねていくのだ。これは、ベルクソンふうに言えば、「動的図式」と諸イメージとの間、あるいは諸イメージ同士の間で、ある種の相互作用が生じ、古い諸イメージが「新しい生き方」（Bergson, 1919=2012：255）を求められている事態である。図で言えば、点 M′ が軸の上を動いている状態、あるいは点 M′ に合うよう諸イメージが作り変えられつつある状態である、と言えよう。

　しかし、試行錯誤の結果として必然的に新しい身体的技能が習得される、というわけではない。試行錯誤は必要条件であり、「飛躍体験」（十分条件）によってはじめて新しい身体的技能は創造される。すなわち、これまで点 M′ は学習者を潜在的に導いていたのだが、「飛躍体験」の到来によって、点 M′ が含んでいた諸イメージが展開され、新しい身体的技能として現実化するのである。

　「飛躍体験」による「動的図式」の展開はまさに「生成」と呼ぶに相応しいだろう。しかし、いかにして「飛躍体験」は生じるのだろうか。この点に関しては、ベルクソンの乗馬経験談を引いておこう。彼によれば「それまで努力しておこなっていたことを努力しないでしようと決心した」時、「飛躍体験」は訪れた。「緊張状態からゆるりとした無理のない信頼の状態に移ったとき、結果はずっとよくなった。…〈中略〉…だれの手、なにものの手だかは知らないが、身をまかせきる信頼だったのだろう。神の、とはあえて言わないが、乗馬の精神の、とでもしよう。柔軟さやゆとり、さらにその上のなにものかをわたしに許すことになった一連のすべての努力に、ほとんど瞬間的に匹敵する絶対的な信頼だ」（Chevalier, 1959=1969：330）。

ベルクソンは「努力の停止」を機に"何ものか"——彼の言葉では「神」・「乗馬の精神」——に導かれて「飛躍」した。そして、この「飛躍体験」によって、それまでの努力の成果に取って代わるほどの信頼感に包まれ、柔軟さとゆとりがもたらされたのである。この時の「飛躍体験」を図で言えば、ベルクソンは平面ABから平面A′B′へと一挙に「飛躍」し、その平面A′B′へと呼び寄せられた諸イメージが、適切な仕方で改変されて、漸次、点M′を通って円Oへと下降している状態だ、と言えよう。

「飛躍体験」が到来すれば、古い円Oは新しく組み変えられずにはいられない。すなわち、人はいつでもその「体験」が再現できるよう、「運動図式」化しようとするに違いない。具体的に言えば、学習者は「体験」の記憶を参照し、自分の身体に覚え込ませようとするだろう。これは単なる反復練習ではない。そうではなく、いわば「体験」を何度も生き直すのである。そして、新しい身体的技能が身についた時、平面P上に新しい円Oが描かれることになる。もっとも、その新しい身体的技能の水準が深く繊細であればあるほど、「体験」の「運動図式」化は困難を極めるに違いない[5]。

ベルクソンの動的図式論の中に、「カン」・「コツ」・「コツ体験」という諸概念を位置づけてみよう。まず、「カン」はベルクソンの言う"何ものか"と等価だと考えることができる。また、「カン」は「動的図式」の展開を導くのであり、この展開の局面を「コツ体験」として位置づけることができる。そして、「コツ体験」によって現実化される新しい身体的技能を「コツ」と呼んで良いだろう。つまり、「コツ体験」を導く直観が「カン」であり、「コツ体験」によって現実化される新しい身体的技能が「コツ」なのである。黒田の議論では、「コツ」と「カン」は「覚」の体験として一括され、いわば並列的に捉えられていた。しかし、ベルクソンの議論をふまえれば、「カン」と「コツ」は「動的図式」の展開（＝「コツ体験」）にかかわる両輪として構造的に捉えることができる。つまり、動的図式論によって発生論が射程に入るのであり、また現象の背後で起動している内的運動を捉えることができるようになるのである。

(3) 阿波研造の指導法

「飛躍体験」の構造が明らかとなったので、次は「飛躍体験」を導く指導法

について考察しよう。「飛躍体験」は偶然的に到来するものであり、確実に到来させる方法はその定義において存在しない。それゆえ、指導のスタンスは「待つ」という一点に尽きる。しかし、何もしないで「待つ」というわけではない。指導者は「飛躍体験」を誘発させるための工夫を様々な仕方で行うだろう。そこで、指導の目的は「飛躍体験の誘発」という一点に尽きると言えよう。ところで、こうした指導のスタンスは、当然のごとく、競技スポーツとは全く相いれない。それゆえ、われわれは（武道の1つである）弓道の達人である阿波研造の指導法を取り上げることにしよう[6]。弓射とは「弓を手に取り―矢をつがえ―弓を高く捧げ――一杯に引き絞って満を持し―射放つ」という5動作で構成される連続的過程（＝「1つの業」）である。ここでは、主に弓射の最終局面である「放れ」に絞り、まずはヘリゲルの修行過程を追ってみよう。「放れ」とは、（矢と弦に折り込まれた）親指が、それを包む3本の指（人差し指・中指・薬指）が開かれることで、放されることである（Herrigel, 1948=1981：44, 51）。

　阿波研造は、多くの武道や芸道と同じように、模範演技を示し、弟子に真似をさせる。この点は「放れ」の指導においても変わらない。ヘリゲルによれば、師匠の模範演技は「全く簡単で無頓着に見え、まるでただ遊んでいるようであった」。師匠は繰り返し模範演技を示してくれる。そのたびにヘリゲルは「正しい射の本質を看取する」。しかし、何ヵ月練習してもうまくいかない。師匠は「右手を故意に開いてはいけない」と指摘するけれども、ヘリゲルは「開こう」とする意志を捨てることができない。手をしっかり閉じれば開くときに動揺し、手をゆるめれば弦が引き絞る前に放してしまうのだ。そこで、阿波は次のような「わざ言葉」を発する―「あなたは引き絞った弦を、いわば幼児がさし出された指を握るように抑えねばなりません。幼児はいつも我々が驚くほど、そのちっちゃな拳の力で握りしめます。しかもその指を放す時には少しの衝撃も起こりません。なぜだかお分かりですか。というのは小児は考えないからです―今自分はそこにある別の物を掴むためにその指を放すのだとでもいう風に」。ヘリゲルはこの「わざ言語」の意味を頭で理解することはできる。しかし、彼は小銃射撃の経験を持っているので、「的に当てる」（目的）ために「弓を引く」（手段）という思考から抜け出すことができない。そして、この点を告白したヘリゲルに師匠は一喝する―「正しい弓の道には目的も、意図もあり

ませんぞ！…〈中略〉…あなたがあまりにも意志的な意志を持っていることが、あなたの邪魔になっているのです」（Herrigel, 1948=1981：52-59）。ではどうすれば良いのだろうか。阿波は次のように答える——「時が熟すまでお待ちなさい」（Herrigel, 1948=1981：60）。

　ヘリゲルの稽古は4年目を迎える。しかし「意図」を捨てることはできない。そこで、ヘリゲルはあることを思いつく。すなわち、自分の欠点は幼児のように「無心」になれないという点にあるのではなく、右手の3本の指が親指を堅く抑えすぎている点にあるのではないか、と考えたのだ。3本の指に細心の注意を集中し、ゆっくり伸ばしていくと、親指はある意味で自然に放たれる。しかし、このヘリゲルの戦略は阿波に即座に見抜かれてしまう。ヘリゲルは何とか許してもらうが、日本滞在の期間は限られており、焦りがつのる。しかし、阿波は「目標への道は測量するわけにはいきません。何週、何ヵ月、何ヵ年といっても、それに何の意味がありましょう」と取りつく島もない。しばらくしてヘリゲルは阿波に尋ねる。「意図」は「私」に由来する。では、「私」でなければいったい誰が「放れ」を行うのか。師匠は"それ"であると答えるが、その意味は明かされない。数週間後、ヘリゲルはやはり一歩も前進しなかったが、なぜか"それ"を経験するとか、禅への通路を見つけるとか、一切のことが気にならなくなってくる。師匠に問うても、「稽古しなさい」という聞き飽きた言葉を聞くだけだ。「それで私は問うことをやめたのである。…〈中略〉…そしてついに、私がこの数年来絶えず苦労して来たことの一切が、私に何でもなくなったということすら、もはや心にとめなくなった」。そしてある日、彼が一射すると、師匠は丁重にお辞儀をして叫んだ——「今し方"それ"が射ました」（Herrigel, 1948=1981：93-94）。

　さて、こうしたヘリゲルの「放れ」の修行過程を見れば、阿波は「待つ」というスタンスを一貫して崩していないことがわかるだろう。実際、「体験」の性質上、このスタンスしかありえないのだ。しかし、「待つ」ことには重要な意味もある。ヘリゲルの同僚である小町谷氏は次のように言う——「偉大な達人は同時に偉大な教師でなければなりません。〈中略〉もし師範が呼吸の練習でもって稽古を始めたとすれば、あなたが決定的なものを獲たのは呼吸法のお陰であるということを、彼は決してあなたに確信せしめ得なかったでしょう。あ

なたはまず第一にあなた自身の工夫でもって難破の苦汁をなめなければならなかったのです。師範があなたに向かって投げ与える救命の浮環を掴む準備ができる前に。〈中略〉彼は弟子の魂の中を、彼らがそうだと思い込んでいる以上によく読みとっているのです」(Herrigel, 1948=1981：48-49)。あるいは、阿波の言を引けばこうである——「もし私が、あなた自身の経験を省いて、これ〔筆者注："それ"〕を探り出す助けを仕様と思うならば、私はあらゆる教師の中で最悪のものとなり、教師仲間から追放されるに値するでしょう」(Herrigel, 1948=1981：92-93)。

この引用の要点は、一言で言えば「気づき」の重要性であろう。阿波はヘリゲルにあえて苦汁をなめさせている。それは、苦渋をなめればなめるほど「気づき」の体験が深くなるからであり、記憶の中に「決定的なもの」として刻まれるからである。たとえば、ヘリゲルは"それ"が射るまでに実に4年の歳月を要している。しかも、その歳月は「無心」とは真逆の「意図」にとらわれ続けた4年間だったのだ。ヘリゲルは、"それ"が射たあとも、どうしてそうしたことが起きるのかについて説明することができない。しかし、ヘリゲルは次のように言う——「私は漸次、少なくとも正射を失射から自分で区別できるところにまでは漕ぎつけた。両者の質的区別があまりにも大きいので、一度それが経験されると、もはや見逃されるわけにはいかないのである」(Herrigel, 1948=1981：95)。正射と失射の差異は身体の水準(射のあとの呼吸)に顕著に現れ、内面の水準においても「正射は射手自身に対して、その日が今初めて明け始めたような気がするくらいの作用を彼に及ぼすのである」(Herrigel, 1948=1981：96)[7]。

次に、「飛躍体験」を誘発する指導法について、外的な方法と内的な方法に分けて考察してみよう。外的な方法でまず指摘すべきは「模範演技」である。阿波は、弓射のどの過程においても、「模範演技」を見せ、ヘリゲルにその「真似」をさせている。これは、われわれの理論枠組で言えば、ヘリゲルの内部に「動的図式」を根づかせ、試行錯誤の運動(点M'の上下運動)を起動させるということである。ところで、ヘリゲルは「動的図式」に素直に従うことができなかった。それは、小銃射撃の経験に囚われ、弓射を「目的−手段」の観点から捉えてしまうからだ。そこで、阿波は「わざ言語」(幼児の比喩)を発するの

である[8]。「わざ言語」(craft language)とは「動くもの―あるいは生きたもの―をできるだけそのままに、表現しようとすることば」である(亀山,2012：168-169)。とするならば、「わざ言語」とは「動的図式」への援護射撃であり、「飛躍体験」を誘う言葉である、と解釈できるだろう。

このように、阿波は「模範演技」と「わざ言語」によってヘリゲルを導いていく。しかし、阿波の真骨頂は内的な方法―「魂の指導法」(Herrigel, 1948＝1981：80)―にある。武道や芸道では、通常、弟子は師匠に対して「批判抜きの尊敬」(Herrigel, 1948＝1981：73)を抱く。なぜか。それは、師匠の技芸が圧倒的だからであり、また「美しい」からである(Herrigel, 1948＝1981：39)。たとえば、ヘリゲルは、弟子入りの際、弦の音に心を奪われるとともに、阿波の「模範演技」が「大変立派であるばかりでなく、しごく造作のないもののように思われた」と述べている。しかし、いざ自分がやってみるとなれば、弓を引き絞るだけでさえ多大な労力を必要とするのだ[9]。

師匠は圧倒的な技芸によって弟子を引きつける。しかし、それだけではない。「師は弟子をして自己自身を通り抜けさせる」。たとえば、弟子の中に「自尊心」が芽生えたとき、師匠は瞬時に見抜き、ある種の暗示によって弟子を戒める。「自尊心」は「私」への執着を招き、修行の道を外れてしまうからである。では、なぜ師匠は弟子の内面を把握できるのであろうか。前章の知見でいけば、これは別に不思議な現象ではない。弟子の内面は常に「持続」しているのであり、また師匠の内面も常に「持続」しているのだから、師匠は「直観」によって弟子の内的運動を辿れるからである。先に引用したように、師匠は「弟子の魂の中を、彼らがそうだと思い込んでいる以上によく読みとっている」のだ。弟子は師匠の戒めによって、師匠が自分の内部に存在していることに気づく。この直接的な精神の伝達(「以心伝心」)について、ヘリゲルは蝋燭の比喩で説明している―「"燃えている蝋燭で他の蝋燭に点火するように"師は正しい芸術の精神を心から心へと、それが明るくなるように、伝達するのである」(Herrigel, 1948＝1981：79-81)[10]。

師匠はヘリゲルの内的運動を辿り、時宜を得たアドバイスを与えることで、弟子の中に棲み込んでいく。そして最終的には、「教師と弟子とがもはや二人ではなく、ひとつになっている段階に到達」するだろう。では、この「魂の指

導法」の目的は何なのか。もちろん、それは"それ"によって「飛躍体験」を到来させることである。しかし、この目的は阿波にとって本質的ではない——「あなた方お二人は、この歳月の間にすっかり変わってしまいました。〈中略〉あなた方は多くのことを別の目で見、別の尺度で測ります。実際私にもその通りだったのです。そしてこれは、弓道の精神に心を打たれた人には、誰にでも迫ってくることなのです」(Herrigel, 1948=1981 : 114)。このように、阿波にとって修行の目的は第1義的には「自己変容」だったのであり、その意味では「飛躍体験」は手段として位置づくのである。

　最後に、"それ"の内実について考察しておこう。阿波は昆虫の例で次のように語っている——「蜘蛛はその巣を舞いながら張ります。しかもその中で捕えられる蠅が存在することを知らないのです。蠅は呑気に日向で飛び、舞いながら、蜘蛛の巣に捕えられ、しかも何が自分に迫っているかも知らないのです。しかしこの二つのものを通じて"それ"が舞っているのです。そして、この舞の中では内と外がひとつなのです。このように射手は、外面的に狙うことなしに、標的に当てるのです」(Herrigel, 1948=1981 : 102)。「これ以上はうまく話せない」と阿波が言うように、"それ"の内実を語ることは難しい。しかし、前章の知見でいけば、「蜘蛛と蠅は相互浸透しており、そこには"それ"が充満している」と翻訳できるだろう。そこで、ここでは"それ"を「生命の躍動力」(ベルクソン)と捉えておこう。ところで、人間は、昆虫のように「生命の躍動力」の中を本能のままに生きているわけではない。しかし、人間の内的意識や運動は「持続」しており、これは「生命の躍動力」に貫かれている証拠であろう。しかも人間は「直観」を持っているのだ。このように考えれば、「直観」を通して「生命の躍動力」を汲み取ったとき、人は"それ"の到来を感じ取ることになるだろう。そして、この「生命の直観」をわれわれは「カン」と呼んできたのである。

おわりに

　本章では、「身体の偶然性」を重視するコーチング——「飛躍」を導くコーチング——について、「コツ体験」の構造と誘発という観点から考察した。まず「コ

ツ」と「カン」の語義を確認し、「『カン』によって『コツ体験』が到来し、『コツ体験』によって『コツ』が体得される」という見通しをつけた。また、黒田亮の独創的な先行研究を検討し、彼の議論では「飛躍体験」が捉えづらいことを指摘した。そして、ベルクソンの動的図式論を援用し、「飛躍体験」を捉える理論枠組を構築したのである。この理論枠組を前提として、われわれは、「飛躍」を導くコーチングとして弓道の阿波研造の指導法を検討した。その結果、阿波の指導のスタンスは「待つ」ことであり、また「飛躍体験」を誘発する手段として、外的手段（「模範演技」と「わざ言語」）と内的手段（「魂の指導法」）を見出したのである。

　前章と本章をふまえて、超社会化のコーチングの内実をまとめてみよう。超社会化のコーチングとは、その定義によって、「待つ」というスタンスを採用するものであり、その目的を「飛躍体験」に置くものである（阿波のように「自己変容」の手段として「飛躍体験」を位置づけることもできる）。また、その方法は外的方法と内的方法に分けることができる。たとえば、外的方法の中にはガルウェイの一連の方法、結城の「感覚ノート」、阿波の「模範演技」と「わざ言語」などが入り、内的方法の中には結城の「潜り込み」、阿波の「魂の指導法」などが入るだろう。ところで、外的方法は内的方法に基礎づけられてはじめて意味を持ってくる。たとえば、「気づき」を生み出すためには、外的方法を機械的に適用するのではなく、学習者の心身の状態を把握し、適切なタイミングを見極める必要があるのだ。

　しかし、現状において、超社会化のコーチングは社会化のコーチングにとって変わることはできないだろう。特に競技スポーツでは、構造上、「飛躍体験」の到来を待ってはくれないからである。では、超社会化のコーチングは、社会化のコーチングを相対化したり、補完したりすることしかできないのであろうか。現状では確かにそうであろう。しかし、ここで忘れてはいけないのは、超社会化のコーチングについての探求はまだ途についたばかりだという点である。超社会化のコーチングがもっと探求され、「飛躍体験」を誘発するための方法がもっと開発されてくれば、超社会化のコーチングが社会化のコーチングにとって代わる日が来るかもしれないのだ。というのも、超社会化のコーチングは何よりも正確さをウリにしており、実は、パフォーマンスの向上をもたら

す一番の近道なのだから。

【第5章注釈】
1) 「コツ」を意味する言葉は各国語にも存在するが、そこでも「わざやカン、さらには技術や技能などの多くの名辞の意味内容と渾然としている」という（金子，2002：227-229）。
2) 現下、「コツ」研究の最も盛んな学問領域はスポーツ運動学である。金子（2002）は私的な運動感覚能力（＝「コツ」）の発生論的地平に照準し、新しい運動感覚の発見を「創発」、「創発」の促しを「促発」と呼び、それらの能力の発生を捉える分析枠組を提供している。この系列には、「コツ」の発生段階論（佐藤，2000）、あるいは指導者自身の「コツ」意識とそれを支える動きの感じを構造的に把握する研究（木下，2010）など、「コツ」に関する知見が相当蓄積されている。他方、スポーツ社会学では、亀山（2012）の一連の論考―「コツ」という言葉を使用してはいないが―を代表として挙げることができる。スポーツ運動学に不案内な筆者としては、その有効性を認めながらも、非常に早い時期になされた独創的な研究である黒田の議論を取り上げるにとどめておきたい。
3) ここでの記述は、ベルクソン（1896=2007：216-223, 231-232）、藤井（2002）、檜垣（2000）、亀山（2012：201-203）を、筆者なりに解釈した上で要約したものである。また記憶の逆円錐については、亀山（2012：201）のものに若干手を加えて借用している。
4) 「動的図式」は、「点」であるとも言えるし、「図式」であるとも言える。ベルクソンは、「動的図式」についてピラミッドの比喩で説明している（Bergson, 1919=2012：230-232）。ピラミッドを上から見ると、真ん中に頂点が見えるが（＝「点」）、この頂点を中心にして三角形の構造が広がっている（＝「図式」）。このように、「動的図式」を「点」として表象する場合、「図式」を含んだ「点」であることを忘れてはいけない。
5) スポーツの一流選手が過去のベストの記憶に固執する理由の1つは、その時の「体験」が深すぎたためである、と解釈できる。われわれは、この論点について第3章で少し触れたが、十分に展開するにいたっていない。「体験」の深さと固執の程度の関係はいずれ探究しなければならないだろう。
6) 迫は、ヘリゲルの修行記録を分析し、いわゆる「啐啄同時」を「弟子が技能水準を高めようとする上昇志向、そして師が弟子を指導するための降下志向、この上下、往還の営為が見事に結びついた時を示している」と規定している（迫，2010：147）。また、フロー理論の中に、指導者の次元と「待つこと」（待降的構造）の次元を導入し、「フロー階梯モデル」を提示している（迫，2010：157-163）。
7) 「気づき」のためにあえて苦汁をなめさせるという指導は、学習者の意欲を減退させ、指導効果を失わせ、最悪の場合、ノイローゼやうつ病につながる危険性もある。阿波はこの点を見抜いており、ヘリゲルが危険な状態に陥りそうになったときには、独特の暗示を与えたり、新しい稽古に移行したりする。また、武道や芸道は基本的に「自己修練」であるため、最終的には「辞める」ことができる。しかし、学校の部活ではある種の強制力が働いているため、生徒は「逃げる」ことが困難である。

それゆえ、学校の部活で過度に生徒を追い込むことには慎重であるべきだろう。もっとも、それは、指導者がどれだけ深く学習者の心身の状態を把握できているかにもよる。

8) 阿波研造は幼児の比喩だけでなく、笹雪の比喩でもヘリゲルを援護している――「雪の重みで笹は次第に低く圧し下げられる。突然積った雪が滑り落ちる、が笹は動かないのです。この笹のように一杯に引き絞って満を持していなさい。射が落ちてくるまで。実際射とはそんなものです。引き絞りが充実されると、射は落ちねばなりません。積った雪が竹の笹から落ちるように、射は射手が射放そうと考えぬうちに自から落ちて来なければならないのです」（Herrigel, 1948=1981：85-86）。

9) 鋭い弟子であれば、師匠の「模範演技」を目にした瞬間、完全に心を奪われるであろう。しかし、ヘリゲルが完全に心を奪われたのは―厳密に言えば心を奪われていたことに「気づいた」のは―、修行の最終段階である「中リ」（的に当てる）の稽古においてである。ヘリゲルは「的に当てよう」という「意図」を捨てられず、阿波に「それでは先生は眼隠しをしてもあてられるに違いないでしょうね」と言ってしまう。これに対して、阿波は暗中において、的の中心を二度射貫くのである――「梁の電燈をつけた時、甲矢が黒点の中央に当り、また乙矢は甲矢の筈を砕いてその軸を少しばかり裂き割って、甲矢と並んで黒点に突き刺さっているのを見出して私は呆然とした。〈中略〉この二本の矢でもって、師範は明らかに私をも射とめたのであった」（Herrigel, 1948=1981：105）。

10) 直接的な精神伝達は、感知できる実在の出来事である。たとえば、ヘリゲルの弓を阿波が使用すると、その弓はてきめんに良くなるのだ。この場合、師匠は、その精神を、弓を通して伝達しているのである。これは別に不思議な現象ではなく、剣道や刀鍛冶にとっては常識に属するという（Herrigel, 1948=1981：106-107）。

終　章

1.　議論のまとめ

　本書の問題意識は「体験」を擁護することであった。われわれは、まず、近代スポーツにおける病理現象を体験論の視点から再解釈し、その病理現象は「体験」の捨象によって生ずることを明らかにした。しかし、近代スポーツの構造を革新することは難しい。そこで、「体験」を重視するコーチング方法を検討してきたのである。

　第1章では、本書の問題と方法が明確にされた。近代社会とスポーツの関係、そしてスポーツと身体の関係についての考察を通して、競技スポーツは、構造上、アスリートをアノミー状態へと追い込んでいくということ、また（スポーツの依拠する）近代的身体観は「身体の同一性」を仮定するため、「身体の特異性」や「身体の偶然性」を捨象してしまうということが確認された。次に、こうした近代スポーツの困難を乗り越えるため、（生の哲学に依拠して）「経験」と「体験」が概念的に区別され、（社会学と接続するために）社会化と超社会化という視点が導入された。「経験」とは意識による分節を経た経験であり、「体験」とは意識による分節以前の経験である。また、社会化とは「価値」（社会）に導かれることであり、超社会化とは「体験」（生命）に道かれることである。なお、こうした検討の中で、「体験」は「生の直接性」に根ざしており、特に「偶然性」と「個人の特異性」のモメントを有することが明確にされた。

　第2章と第3章では、近代スポーツの病理現象が体験論の視点から捉え返された。第2章で考察されたのはバーンアウトの概念であった。まず、先行研究として心理学と社会学におけるバーンアウト論が検討され、両者がともに外側からバーンアウトに迫っており、無用に概念が複雑になっていると指摘された。そこで、この難点を克服するため、体験論の視点が導入され、バーンアウトの新しいイメージと内的論理が提起されたのである。すなわち、既存のバーンアウト研究は「消耗」のイメージと「直線の論理」に基づいているが、これに加えて「く

すぶり」(「空回り」)のイメージと「倒錯の論理」が付け加えられたのである。アスリートは「外的なもの」に一心にエネルギーを注ぐことで「消耗」するが、その前には「体験」を「経験」の水準で追及するという捻じれた論理が存在しており、この論理によって「くすぶり」(「空回り」)が生ずるのである。

　第3章では、キャリアトランジション問題について考察された。まず、先行研究として心理学における引退論が検討され、そこで採用されている社会化モデルでは「体験」の次元が扱えないと指摘された。たとえば、心理学では「生きがいの喪失」という「体験」にかかわる問題が、単なる「社会的不適応」として扱われてしまっている。そこで、超社会化の概念が導入され、社会化と超社会化の2つの次元を含んだ新しいモデル（人間学モデル）が構築されたのである。また、このモデルを前提として、引退過程は「順路型」と「ショートカット型」に区別され、「ショートカット型」の場合にキャリアトランジション問題が発生すると指摘された。「ショートカット型」では「ケリ体験」が不十分であるため、社会化の次元と超社会化の次元がズレてしまうのだ（「新しい役割に適応しているが生きがいは持てない」という状態）。こうして、キャリアトランジション問題は単なる「社会的不適応」の問題ではなく「ケリ体験」の問題である、と捉え返されたのである。なお、こうした主張の妥当性については日本野球独立リーガーの事例によって検証された。

　第2章と第3章で示されたのは、「体験」の視点を入れることで、現象の本質を把握できるという点である。たとえば、もし「体験」の視点を考慮しなければ、バーンアウトの根源にある「倒錯の論理」は発見できないだろうし、キャリアトランジション問題の根源である「ケリ体験」は軽視されてしまうだろう。理論的に言えば、社会化と超社会化の2元論によってはじめて、両者の関係性の問題（「倒錯」や「ズレ」）が射程に入ってくるのだ。他方、こうした検討によって、競技スポーツがその構造において「体験」の次元を捨象しているという点も明らかとなった。たとえば、競技スポーツを導く業績主義は必然的に「転倒の論理」を導くし、「ケリ体験」の到来を待ってはくれないのである。

　第4章と第5章では、「体験」を重視するコーチング方法が考察された。近代スポーツの構造を変えるのが難しいとすれば、「体験」を重視するコーチング方法について真剣に考えるしか道はないからである。

　第4章では、身体感覚（「身体の特異性」）を重視するコーチングが考察された。

まず、ガルウェイ理論が検討され、社会化のコーチングと超社会化のコーチングの内実が示された。次に、結城匡啓のコーチング方法が検討され、その方法の究極である「潜り込み」(身体感覚の直接的把握)の重要性が指摘された。しかし、「潜り込み」の説明は記述的であり、結城にしかできない方法と解される可能性がある。そこで、ポランニーの「潜入」の概念とベルクソンの「直観」の概念が援用され、「潜り込み」の再解釈が行われた。ところで、こうした検討によって重要視されたのは「直観」の概念であった。「直観」は身体運動を内側から捉える方法であるが、この概念はその方法の根拠(「持続」の次元)をも射程に収めているからである。つまり、「直観」の概念によって「コーチはいかにして選手の心身の状態を把握できるのか」という難問が理論的に解決されたのだ。

　第5章では、「飛躍体験」(「身体の偶然性」)を導くコーチングが、「コツ体験」の構造と誘発という観点から考察された。まず、「コツ」と「カン」の語義が検討され、「コツ」と「カン」と「コツ体験」の関係について見通しが立てられた。次に、先行研究として黒田亮の立体心理学が検討され、彼の議論の記述的性格が批判された。そこで、「飛躍体験」を射程に収めるため、ベルクソンの記憶論と動的図式論が援用され、「コツ体験」を構造的に捉える理論枠組が構築された(「カン」と「コツ」を「コツ体験」の両輪として捉える)。そして、この理論枠組を前提として、弓道の阿波研造の指導法が検討され、「飛躍体験」を導くコーチングのスタンス(「待つ」こと)、目的(「飛躍体験」の誘発)、方法(「模範演技」「わざ言語」「魂の指導法」)が示されたのである。

　第4章と第5章で示されたのは、超社会化のコーチングの可能性である。コーチが選手を内側から把握し、「体験」へと導くこと。こうしたコーチングは、優れたコーチであれば誰でも実践していることであろう。しかし、その内実は不明瞭であり、ともすればコーチの特殊能力──ある意味でそうなのだが──として片づけられてきた。ところで、われわれはまさにこの点に踏み込もうとしたのである。そして、超社会化のコーチングの基礎(「直観」)、スタンス(「待つ」)、目的(「飛躍体験」の誘発)を確定し、種々の方法(「感覚ノート」「模範演技」「わざ言語」「魂の指導法」など)を考察したのである。こうした検討によって、われわれは、今や、超社会化のコーチングは「コーチの特殊能力」によるものではなく「1つの方法」である、と主張できるだろう。

2. 体験の社会学の意義

　さて、以上の諸論を踏まえて、「体験の社会学」の意義を素描してみよう。

　1つ目は「社会学主義の回避」である。社会化の概念の検討を通して明らかとなったように、社会学は、そのディシプリンにおいて「社会」を前提するため、「創造性」や「個人の特異性」を捨象することになる。確かに「個人が社会を作り、社会が個人を作る」というのは事実である。しかし、この言明が意味を持つためには、「創造性」や「個人の特異性」の根拠—つまり社会を超える「何か」—を明示しなければならないであろう。そこで、われわれは、この「何か」として「生命の躍動力」を想定したのである。人間は確かに社会に拘束されている。たとえば、「スポーツする身体」は、そのスポーツで求められる型に合わせてまさに「作られる」のだ。しかし、人間は「社会」に拘束されるとともに「生命の躍動力」に貫かれてもいる。この点が実感される経験こそ「体験」なのであり、それゆえわれわれは「体験」を重視したのである。たとえば、もし「体験」を考慮しなければ「キャリアトランジション問題」の本質は全く把握できないであろう。アスリートがスポーツに情熱を注ぎ込むのは、究極においては、名声や富を得るためでもなければ、周囲の期待に応えるためでもない。そうではなく、スポーツをすることが「喜び」からであり、それゆえにこそ「ケリ」をつけることができないのである。そしてその「喜び」は、「体験」にともなう「喜び」でなくて何であろう。こうした「体験」の視点を失うとき、「キャリアトランジション問題」は単なる「社会的不適応」へと還元されてしまうのだ。

　2つ目は「実証主義の補完」である。社会学は何よりも科学であり、実証主義を重視する。すなわち、経験的事実を観察し、仮説を立て、その仮説を検証するという手続きを重視するのである。これは1つの立場であり、当然、あってしかるべきである。しかし、こうした実証主義は現象の本質に外側から迫っていく立場であり、現象をそのまま捉えることはできない。それは、現象の本質に無限に接近していくだけなのだ。たとえば、バーンアウトを捉えようとするとき、実証科学は、心理学であれ社会学であれ、（バーンアウトをもたらす）諸要因の観点から還元主義的に捉えていた。それに対して、われわれはバーンアウトの内的論理を探り、「直線の論理」とともに「倒錯の論理」を発見したのである。すな

わち、「体験の社会学」は種々のデータや知見を参考にしつつ、現象の本質を内側から捉えようとするのだ。他方、コーチング論の文脈で言えば、「体験の社会学」の方法は何より「正確さ」をウリにできる。たとえば、スポーツ科学は選手の身体運動を外側から観察し、「物理的事実」として数値化する。これに対して、「直観」という方法はコーチが選手の身体運動を内側から捉えるのだ。こうした内側からの認識が外側からの認識よりも「正確さ」で優るのは当然であろう。しかし、「体験の社会学」はまだ緒についたばかりであり、現状では実証主義を補完するような仕方で力を発揮するだろう。

　3つ目は「新しい理論枠組の提示」である。通常、社会学理論は「主体－客体」という枠を採用している。この枠は、主体と客体を独立した実体として想定し、その上で両者がかかわりあうと想定している。これに対して、「体験の社会学」では、「体験」（分節以前の経験）と「経験」（分節以後の経験）の差異に注目し、それぞれの経験が生ずる世界―包括的用語として「存在－存在者」の枠と呼んでおこう―を区別している。それゆえ、「主体－客体」関係は、2つの世界において捉えられるようになるのだ。たとえば、ダブルプレーの成立はいかにして可能なのか。二塁手がボールを取り、遊撃手を見て、「意図」を伝えて、ボールを投げる、あるいは遊撃手は二塁手を見て、その「意図」を受け取って、ボールを受け取る、というふうに考えるべきだろうか。もちろんこうした考え方は可能ではある。しかし、実際は、こうした「意図」のやりとりを行うよりも前に、お互いに相手の動きを「感じて」いるだろう。とするならば、彼らは―あるいはフィールドにいる選手は全員―、すでに潜在的に相互浸透している（＝お互いの動きを「なぞっている」）のだ。他方、こうした理論設定は、2つの次元の関係や移行の問題を呼び寄せてくる。たとえば、バーンアウト論では「体験」と「経験」の倒錯した関係が発見され、キャリアトランジション問題では「超社会化」の次元と「社会化」の次元のズレに焦点が当てられたのである。また、コーチング論の文脈では「直観」の深さの問題が射程に入ってくるだろう。

　4つ目は「スポーツ界への貢献」である。特に第4章と第5章では、超社会化のコーチングの基礎（「直観」）、スタンス（「待つ」）、目的（「飛躍体験」の誘発）が確定され、種々の方法（「感覚ノート」「模範演技」「わざ言語」「魂の指導法」など）が考察された。筆者の知るかぎり、コーチングの現場ではもはや社会化のコーチング（＝「強制」）の限界が露呈しており、いかにして「体験」を誘発するか、

この点が喫緊の課題となっている。実際、理論枠組や用語の差はあれ（たとえば「選手をゾーンに導くにはどうすれば良いか」）、いくつかの探求が散見される（ex. 平尾，2014；平尾・内田，2015；志岐，2008）。「体験の社会学」もこうした流れと相即しており、現状では特に理論的な面で貢献することができるだろう。

3. 今後の課題

　今後の課題を挙げておこう。
　1つ目は、「体験の社会学」の理論枠組に沿って研究領域を拡大していくことである。たとえば、超社会化を導く「体験」、あるいは脱・超社会化を導く「体験」は、もちろん測定することはできないが、スポーツの種類や競技水準の差異など、様々な事例を分析してみることで、いくつかのパターンが見えてくるかもしれない。また、コーチング論の文脈でも、やはりスポーツの種類や競技水準の差異などを考慮し、新しいコーチング方法を開発したり、その方法の質について考察していく必要があるだろう。
　2つ目は、「体験の社会学」の手続きについてである。実証科学の手続きは分かりやすい。そこでは、諸要因を列挙し、仮説を立て、検証する、という作業を繰り返すのである。特に近年はデータ処理に関する様々な方法が開発されており、分析はどんどん精緻になっている。では、「体験の社会学」はどのような手続きで研究を進めていくのだろうか。現象の内的論理を探るためには、ある程度の「直観」が必要であり、その「直観」をどのように活性化させていけば良いのだろうか。おそらく、諸要因を列挙するところまでは実証科学と同じであろう。しかし、そのあと道は分かれる。すなわち、要因間の共通点を探るのではなく、一種の「追体験」（ディルタイ）によって現象の本質に迫っていくのである。たとえば、アスリートに自分自身を重ねて、あるいはそれに似た自分の経験を延長して、彼らの心身の状態を（イメージの力を借りて）「追体験」するのだ。そして、「追体験」の中で「直観」を活性化させ、ある種のひらめきを「待つ」のである。たとえば、スポーツで対戦相手のクセを見抜こうとする努力を思い浮かべよう。彼は相手のクセを見抜こうと観察に観察を重ねる。そして何かの拍子にふっと違和感に気づくのである。「体験の社会学」に向いているのは「直観」能力が高い人であろう。しかし、「直観」能力が低くても、観察に観察を重ねて、あるいは一種の「追体験」

を通せば、現象の本質に内側から迫っていけるのである。ただ、現状において「体験の社会学」の手続きはまだまだ漠然としており、今後さらに考察を進めていく必要があるだろう。

　3つ目は、第3章で少しだけふれた「引導を渡すコーチング」についてである。これは、脱・超社会化のコーチングとして想定できるが、本書では全く展開されていない。というのは、本書では「体験」を「喜び」のイメージで捉えており、「ケリ体験」はこのイメージと合わなかったからである。こうしたコーチングを明確に提示するためには、「体験」の概念をもっと深める必要があるだろう。たとえば、比喩的に言えば、超社会化を導く「体験」は「生」であり、脱・超社会化を導く「体験」は「死」である。では、「生」と「死」はどのような関係にあるのだろうか。生の哲学の立場からすれば、「生は死を含んでいる」と考えるべきであろう。また、このことを体験論の立場で言えば、「体験」とは破壊（死）と創造（生）にほかならず、両者は表裏一体なのだ、となるであろう。われわれは、こうした両者の一致について、いずれ理論化しなければならないだろう。そしてその際、やはりコーチング論は導きの糸となるであろう。選手を破壊しつつ、再生させること、この微妙な手際はどのように捉えることができるだろうか。

参考文献

尼ケ崎彬，1990，『ことばと身体』，勁草書房．

Bergson, H., 1889=1959, *Essai sur les données immédiates de la conscience, Œuvres*, Presses universitaires de France. (=2002，合田正人・平井靖史訳『意識に直接与えられたものについての試論─時間と自由─』，ちくま学芸文庫．)

―――, 1896=1959, *Matière et mémoire, Œuvres*, Presses universitaires de France. (=2007，合田正人・松本力訳『物質と記憶』，ちくま学芸文庫．)

―――, 1919=1959, *L'Énergie spirituelle, Œuvres*, Presses universitaires de France. (=2012，原章二訳『精神のエネルギー』，平凡社ライブラリー．)

―――, 1932=1941, *Les Deux Sources de la Morale et de la Religion*, Presses Universitaires de France. (=1979，森口美都男訳『道徳と宗教の二つの源泉』澤瀉久敬編『世界の名著64 ベルクソン』，中央公論新社．)

―――, 1934=1938, *La pensée et le mouvant*. (=2017，竹内信夫訳『思考と動くもの』，白水社．)

Bette, K-H. und Schimank, U., 1995, *Doping im Hochleistungssport*, Suhrkamp Verlag Frankfurt am Main. (=2001，木村真知子訳『ドーピングの社会学─近代競技スポーツの臨界点─』，不昧堂出版．)

Blinde, E. M. and Greendorfer, S. L., 1985, "A Reconceptualization of the Process of Leaving the Role of Competitive Athlete," *International Review for the Sociology of Sport*, 20, 87-94.

Bollnow, O. F., 1955, *Dilthey: Eine Einführung in seine Philosophie*, Verlag W. Kohlhammer (Stuttgart). (=1977，麻生健訳『ディルタイ─その哲学への案内─』，未来社．)

―――, 1958, *Die Lebensphilosophie*, Verständliche Wissenschaft, 70 BD. Springer Verlag. (=1975，戸田春夫訳『生の哲学』，玉川大学出版部．)

Bolz, N., 1997, *Die Sinngesellshaft*, Econ Verlag, München-Düsseldorf GmbH. (=1998，村上淳一訳『意味に飢える社会』，東京大学出版会．)

Chevalier, J., 1959, *Entretiens avec Bergson*, Librairie Plon, Paris. (=1969，仲沢紀雄訳『ベルクソンとの対話』，みすず書房．)

Coakley, J., 1992, "Burnout Among Adolescent Athletes: A Personal Failure or Social Problem?," *Sociology of Sport Journal*, 9, 271-285.

―――, 2009, "From the Outside in: Burnout as an Organizational Issue," *Journal of Intercollegiate Sports*, 2, Human Kinetics, inc., 35-41.

Crook, J. M. and Robertson, S. E., 1991, "Transition out of elite sport," *International Journal of Sport Psychology*, 22, 115-127.

Csikszentmihalyi, M., 1975, *Beyond Boredom and Anxiety: Experiencing Flow in Work and Play*, Jossey-Bass. (=2000，今村浩明訳『楽しみの社会学（改題新装版）』，新思索社．)

Curtis, J. and Ennis, R., 1988, "Negative Consequences of Leaving Competitive Sport: Comparative Findings for Former Elite-Level Hockey Players," *Sociology of Sport Journal*, 5, 87-106.

Durkheim, É., 1895=1960, *Les Règles de la méthode sociologique*, Presses Universitaires de France. (=1978, 宮島喬訳『社会学的方法の規準』, 岩波文庫.)
——, 1897=1960, *Le Suicide: étude de sociologie*, nouvelle edition, 3e trimestre, Presses Universitaires de France. (=1985, 宮島喬訳『自殺論』, 中公文庫.)
——, 1914, "Le dualisme de la nature humaine et ses conditions sociales," *Scientia*. (=1983, 小関藤一郎訳「人間性の二元性とその社会的条件」『デュルケーム宗教社会学論集』, 行路社.)
——, 1925, *L'Éducation Morale*, Librairie Felix Alcan. (=1964, 麻生誠・山村健訳『道徳教育論(1)』, 明治図書出版.)
——, 1955, *Pragmatisme et Sociologie*, cours inédit prononcé à la Sorbonne en 1913-1914 et restitué par Arman Cuvillier d'après des notes d'ètudiants., Paris., Libraire Philosophique J., Vrin. (=1956, 福鎌忠恕他訳『プラグマティズムと社会学』, 関書院.)
Foucault, M., 1975, *Surveiller et Punir: Naissance de la prison*, Gallimard. (=1977, 田村俶訳『監獄の誕生―監視と処罰―』, 新潮社.)
Freudenberger, H., 1980, *Burn out*, Carol Mann Liberty Agent, New York. (=1981, 川勝久訳『燃えつき症候群〈バーン・アウト・シンドローム〉』, 三笠書房.)
藤井奈津子, 2002, 「ベルクソンにおける創造性の理論」『臨床教育人間学』第4号, 京都大学大学院教育学研究科臨床教育学講座.
Gallwey, W. T., 1997, *The Inner Game of Tennis*, Random House, Inc. (=2000, 後藤新弥訳『新インナーゲーム』, 日刊スポーツ出版社.)
Geertz, Clifford., 1973, "Deep Play: Notes on the Balinese Cockfight," *The Interpretation Culture*, selected essays, Basic Books, Inc. (=1987, 吉田禎吾・柳川啓一・中牧弘允・板橋作美訳「ディーププレイ―バリの闘鶏に関する覚え書き―」『文化の解釈学〔Ⅱ〕』, 岩波現代選書.)
Goodger, K., Gorely, T., Lavallee, d., and Harwood, C., 2007, "Burnout in Sport: A Systematic Review," *The Sport Psychologist*, Human Kinetics, Inc., 127-151.
Guttmann, A., 1978, *From Ritual to Record: The Nature of Modern Sports*, Columbia University Press. (=1981, 清水哲男訳『スポーツと現代アメリカ』, TBSブリタニカ.)
蓮實重彦, 2004, 『スポーツ批評宣言―あるいは運動の擁護―』, 青土社.
Herrigel, E., 1948, *Zen in der Kunst des Bogenschiessens*. (=1981, 稲富栄次郎・上田武訳『弓と禅』, 福村出版.)
檜垣立哉, 2000, 『ベルクソンの哲学―生成する実在の肯定―』, 勁草書房.
平尾剛, 2014, 『近くて遠いこの身体』, ミシマ社.
平尾剛・内田樹, 2015, 『ぼくらの身体修行論』, 朝日新聞出版.
生田久美子, 1987, 『「わざ」から知る』(認知科学選書), 東京大学出版会.
生田久美子・北村勝朗編, 2011, 『わざ言語―感覚の共有を通しての「学び」へ―』, 慶応義塾大学出版会.
稲垣正浩・今福龍太・西谷修, 2009, 『近代スポーツのミッションは終わったか―身体・メディア・世界―』, 平凡社.
井上俊, 1993=2000, 「スポーツ社会学の可能性」『スポーツと芸術の社会学』, 世界思想社.
石毛宏典, 2009, 『石毛宏典の「独立リーグ」奮闘記』, アトラス出版.

参考文献

市川浩，1975=1992，『精神としての身体』，講談社学術文庫.
――，2001，中村雄二郎編『身体論集成』，岩波現代文庫.
市川浩・山口昌男編，1985，『身体論とパフォーマンス』(別冊國文學)，學燈社.
亀山佳明，2000，「社会化論を超えて」亀山佳明他編『野生の教育をめざして』，新曜社.
――，2006，「引退論序説：transition 問題と trans-socialization」『日本教育社会学会大会発表要旨集』(58)，日本教育社会学会：87-88.
――，2010，「生成する身体：市川浩『精神としての身体』(1975)」井上俊他編『身体・セクシュアリティ・スポーツ』(社会学ベーシックス 8)，世界思想社.
――，2012，『生成する身体の社会学　スポーツ・パフォーマンス　フロー体験／リズム』，世界思想社.
――，2013，「「身体論の可能性」、その後―制度の身体論から体験の身体論へ―」日本スポーツ社会学会編『21 世紀のスポーツ社会学』，創文企画.
金子明友，2002，『わざの伝承』，明和出版.
木下英俊，2010，「コツ身体知に関する指導者自身の動感創発分析の意義について―マット運動伸膝後転の事例から―」『スポーツ運動学研究』23，スポーツ運動学研究会：15-24.
倉島哲，2007，『身体技法と社会学的認識』，世界思想社.
黒田亮，1923=1980，『勘の研究』，講談社学術文庫.
――，1928=1981，『続　勘の研究』，講談社学術文庫.
Kelly, H., 1983, Love and Commitment," Kelly, H. et al. eds., *Close Relationships*, W. H. Freeman, 265-314.
岸順治・中込四郎，1989，「運動選手のバーンアウト症候群に関する概念規定の試み」『体育学研究』34，日本体育学会：235-243.
小丸超，2006，「生成の社会学の生成過程―作田社会学研究序説―」『龍谷大学大学院紀要　社会学・社会福祉学』第 13 号，龍谷大学大学院社会学研究科研究紀要編集委員会.
――，2008，「生成する時間・定着の時間：社会学におけるリズム研究の位置づけ」『龍谷大学大学院紀要　社会学・社会福祉学』第 15 号，龍谷大学大学院社会学研究科研究紀要編集委員会.
――，2008，「時間・リズム・パフォーマンス―時間の社会学からの一考察―」『パフォーマンス行動とリズムとの関係の研究―スポーツ・武道・芸能・遊戯を中心に―』，平成 17 年度～平成 19 年度科学研究費補助金（基盤研究Ｃ）研究成果報告書.
――，2010，「スポーツ選手の引退に関する一考察：日本野球独立リーガーの場合」『ソシオロジ』第 55 巻 2 号，社会学研究会：73-88.
――，2012，「アスリートバーンアウトの概念に関する一考察」『龍谷大学社会学部紀要』第 40 号，龍谷大学社会学部紀要編集委員会.
――，2013，「「コツ」をつかむとはどういうことか―特に身体的技能の習得に注目して―」『龍谷大学社会学部紀要』第 42 号，龍谷大学社会学部学会.
――，2015，「戸塚ヨットスクール論」『体罰問題の研究』，龍谷大学社会学部共生社会研究センター.

久保真人，2004，『バーンアウトの心理学―燃え尽き症候群とは―』（セレクション社会心理学23），サイエンス社.

Lerch, S. H., 1981, "Adjustment to Retirement of Professional Baseball Players," Greendorfer, S. L. and Yiannakis, A. eds., *Sociology of Sport: Diverse Perspectives*, Leisure Press, 138-148.

――, 1984, "Athletic Retirement as Social Death: An Overview," Theberge, N. and Donnelly, P. eds., *Sport and Sociological Imagination*, Texas Christian University Press, 259-272.

Levy, M. A. et al., 2005, "Career Transition," Taylor, J. and Wilson, G. S. eds., *Applying sport psychology: Four perspectives.* Human Kinetics, 249-266

前田英樹，2013，『ベルクソン哲学の遺言』，岩波現代全書.

Martens, R., 2004, *Successful Coaching: Third Edition*, ASEP.（=2013，大森俊夫・山田茂監訳『スポーツ・コーチング学―指導理念からフィジカルトレーニングまで―』，西村書店.）

Mauss, M., 1968, *Sociologie et Anthropologie*, Presses Universitaires de France.（=1976，有地亨・山口俊夫訳『社会学と人類学Ⅱ』，弘文堂.）

Mills, C. W., 1963, *Power, Politics and People*, The collected essays of C. Wright Mills edited and with an introduction by Irving Louis Horowitz, Oxford University Press, New York.（=1971，青井和夫・本間康平監訳『権力・政治・民衆』，みすず書房.）

三浦雅士，1994，『身体の零度―何が近代を成立させたか―』，講談社選書メチエ.

中込四郎・岸順治，1991，「運動選手のバーンアウト発生機序に関する事例研究」『体育学研究』35，日本体育学会：313-323.

日本国語大辞典第二版編集委員会・小学館国語辞典編集部編，2001a，『日本国語大辞典第三巻』，小学館.

――，2001b，『日本国語大辞典第五巻』，小学館.

西山哲郎，2006，『近代スポーツ文化とはなにか』，世界思想社.

落合博満，2003，『落合博満の超野球学①　バッティングの理屈』，ベースボール・マガジン社.

O'Connor, J. & Lages, A., 2007, *How Coaching Works: The Essential Guide to the History and Practice of Effective Coaching*, Bloomsbury Publishing Plc.（=2012，杉井要一郎訳『コーチングのすべて―その成り立ち・流派・理論から実践の指針まで―』，英治出版.）

大澤真幸，1990，『身体の比較社会学Ⅰ』，勁草書房.

Persons, T. and Shils, E. A., 1954, *Toward a General Theory of Action*, Harvard University Press.（=1960，永井道雄・作田啓一・橋本真訳『行為の総合理論をめざして』，日本評論社.）

Petipas, A. et al., 1997, *Athlete's guide to career planning*, Human Kinetics.（=2005，田中ウルヴェ京・重野弘三郎訳『スポーツ選手のためのキャリアプランニング』，大修館書店.）

Polanyi, M., 1962, *Personal Knowledge: Towards a Post-Critical Philosophy*, The University of Chicago Press, Corrected edition.（=1985，長尾史郎訳『個人的知識―脱批判哲学をめざして―』，ハーベスト社.）

――, 1966, *The Tacit Dimension*, Routledge & Kegan Paul Ltd., London.（=1980，佐藤敬三訳『暗黙知の次元―言語から非言語へ―』，紀伊国屋書店.）

Raedeke, T. D., 1997, "Is Athlete Burnout More Than Just Stress? A Sport Commitment Perspective," *Journal of Sport & Exercise Psychology*, 19, Human Kinetics Publishers, Inc., 396-417.

参考文献

Raedeke, T. D. and Smith, A. L., 2009, *The Athlete Burnout Questionnaire Manual*, West Virginia University.

Rosenberg, E., 1981, "Gerontological Theory and Athletic Retirement," Greendorfer, S. L. and Yiannakis, A. eds., *Sociology of Sport: Diverse Perspectives*, Leisure Press, 118-126.

――, 1984, "Athletic Retirement as Social Death: Concepts and Perspectives," Theberge, N. and Donnelly, P. eds., *Sport and Sociological Imagination*, Texas Christian University Press, 245-258.

Rusbult, C. E., 1983, "A Longitudinal Test of the Investment Model: The Development (and Deterioration) of Satisfaction and Commitment in Heterosexual Involvements," *Journal of Personality and Social Psychology*, 45, 101-117.

迫俊道, 2010, 『芸道におけるフロー体験』, 渓水社.

作田啓一, 1972, 『価値の社会学』, 岩波書店.

――, 1992, 「生成の世界と定着の世界」『書斎の窓』, 有斐閣.

――, 1993, 『生成の社会学をめざして―価値観と性格―』, 有斐閣.

――, 1994, 「バタイユにおける連続性の概念」『日仏社会学会年報』2, 日仏社会学会：1-17.

――, 1995, 「ベルクソンの社会哲学」『三次元の人間―生成の思想を語る―』, 行路社.

佐藤誠, 2000, 「「コツ」の発生に関するモルフォロギー的考察」『スポーツ運動学研究』13, スポーツ運動学研究会：31-39.

Schlossberg, N.K., 1981, "A Model for Analyzing Human Adaptation to Transition," *The Counseling Psychologist*, 9(2), 2-18.

Schmidt, G. W. and Stein, G. L., 1991, "Sport Commitment: A Model Integrating Enjoyment, Dropout, and Burnout," *Journal of Sport & Exercise Psychology*, 8, Human Kinetics Publishers, Inc., 254-265.

志岐幸子, 2008, 『岡田武史監督と考えた「スポーツと感性」』, 日本経済新聞出版社.

Silva Ⅲ, J. M., 1990, "An analysis of the Training Stress Syndrome in Competitive Athletics," *Applied Sport Psychology*, 2, 5-20.

Smith, R. E., 1986, "Toward a Cognitive-Affective Model of Athletic Burnout," *Journal of Sport Psychology*, 8(1), 36-50.

菅原和孝, 2013, 「身体化の人類学に向けて」菅原和孝編『身体化の人類学―認知・記憶・言語・他者―』, 世界思想.。

Swain, D. A., 1991, "Withdrawal from Sport and Schlossberg's Model of Transitions," *Sociology of Sport Journal*, 8, 152-160.

高橋由典, 1996, 『感情と行為―社会学的感情論の試み―』, 新曜社.

Turner, B. S., 1984, *The Body and Society: Explorations in Social Theory*, Basil Blackwell Publisher Ltd.（=1999, 小口慎吉・藤田弘人・泉田渡・小口孝司訳『身体と文化―身体社会学試論―』, 文化書房博文社.）

ターナー・B, 2005, 「身体の社会学の過去そして未来―研究アジェンダの確立―」大野道邦他編『身体の社会学―フロンティアと応用―』, 世界思想社.

豊田則成・中込四郎，2000,「競技引退に伴って体験されるアスリートのアイデンティティ再体制化の検討」『体育学研究』45, 日本体育学会：315-332.
Weber, M., 1922, "Soziologische Grundbegriffe," *Wirtschaft und Gesellschaft*, Tübingen, J. C. B. Mohr.（=1972, 清水幾太郎訳『社会学の根本概念』, 岩波文庫.）
Weinberg, R. S. and Gould, D., 2011, " Burnout and Overtraining," *Foundations of Sport and Exercise Psychology, Fifth Edition*, Human Kinetics, 493-512.
吉田毅, 1989,「大学競技者におけるバーンアウトの発生機序に関する事例研究：特に指導者との相互作用に注目して」『体育・スポーツ社会学研究』8, 体育・スポーツ社会学研究会：183-207.
――, 1992,「スポーツ選手のバーンアウトに関する社会学的研究：社会学的概念規定への試み」『体育の科学』42（8）, 杏林書院：640-643.
――, 1994,「スポーツ的社会化論からみたバーンアウト競技者の変容過程」『スポーツ社会学研究』2, 日本スポーツ社会学会：67-79.
――, 2006,「アスリートのキャリア問題」菊幸一他編『現代スポーツのパースペクティヴ』, 大修館書店：210-227.
吉田毅・山本教人・多々納秀雄, 1999,「スポーツ選手のリタイアメントに関する社会学的研究―先行研究の動向―」『健康科学』21, 九州大学健康科学センター：69-75.
結城匡啓, 1999,「長野オリンピックのメダル獲得に向けたバイオメカニクス的サポート活動：日本スピードスケートチームのスラップスケート対策」『体育学研究』44：33-41.
――, 2005,「邪魔をしないコーチング―研究者かつコーチの眼と思考（後編）―」『月刊トレーニングジャーナル』3月号：57-61, ブックハウス・エイチディ．
――, 2011,「スピードスケート指導者が選手とつくりあげる「わざ」世界―積み上げ、潜入し、共有する―」生田久美子他編『わざ言語―感覚の共有を通しての「学び」へ―』, 慶応義塾大学出版会．

あとがき

　本書は、2015年12月、龍谷大学に提出された博士論文（題：「体験の社会学―近代スポーツの病理を超えて―」）に加筆修正したものである。本書と博士論文では主題と副題が逆になっている。しかし、論旨あるいは論の展開は同じであり、難解であると思われる箇所に手を加えるにとどめた。

　私はスポーツの実践において華々しい経歴を持っているわけではない。また、スポーツ社会学に本格的に取り組むようになったのも、博士課程に入って数年後のことである。そこで、私がスポーツ社会学を志したきっかけについて、私事ではあるが、少し述べておきたい。

　私はもともと作田啓一氏の理論体系―作田理論と呼ぶ―に感動して研究者を志した。この感動体験に導かれて、拙いものであるが、修士論文でも作田理論について書いた。しかし、その後、私は徐々に論文が書けなくなった。作田理論を何度も読み返し、関連する文献を読みあさった。しかし、一本の論文を書き上げることはできなかった。

　私は悶々とした日々を過ごしていたが、その折、金沢で開かれた日本スポーツ社会学会で、亀山佳明先生の報告を聞いた。「引退論序説」と題されたその報告において、亀山先生は、スポーツにおける強烈な体験が一種の麻薬となり、アスリートの引退を困難にすると主張された。アスリートは「感動体験」に導かれてスポーツに「はまり込む」。しかし、その「はまり込み」が「降りること」を妨げてしまうのだ。私はある種の衝撃を受けた。私の状況と同じではないか。私は作田理論に感動して研究を始めたが、それにはまり込んでしまい、作田理論を相対化できないでいるのだ。とするならば、アスリートの生と研究者の生はほとんど同じではないのか。

　私は道が開けた気がした。「引退論」を書こうと思った。そして、なぜか「自分で考えて書こう」と思った。おそらく、「何かを相対化する」ということは「自分の立場を築く」ということだからであろう。自分で考えて、自分の言葉で、自分の論理で書けば、たとえ誰かと似ていたとしても、その論文は「自分のもの」であり、「自分の理論」である。私は「理論」とは何かということを直観的に理

解した。「理論家」とはいわゆる物知りではない。また、様々な理論を上手に整理できる人でもない。そうではなく、「自分の理論を作っていく」ことができる人のことなのだ。私は肝心なことに気づいていなかった。作田啓一という「理論家」を研究するのであれば、その思想を単に理解するだけでなく、私自身が「理論家」にならなければならなかったのだ。

「考える」ということは実はかなり難しい。そこでは、単に様々な断片を頭の中で組み立てるだけでなく、自分の体験を通して対象を理解することが求められる。「自分の体験を通して」とは自分の人生を辿り直すこと、生き直すことであり、それほど愉快な作業であるとは言えない。人生には苦しいことや悲しいこと、思い出したくないことがたくさんあるし、「生き直し」は現在の自分を多少なりとも揺るがしてくるからである。しかし、「体験の社会学」を標榜するかぎり、この「生き直し」という方法を捨てることはできないのだ。

私は「引退論」を書き上げ、その後、スポーツ社会学の論文を書き継いできたが、その中で「身体」の重要性に気づいた。「身体」は自然である。それゆえ、その本性においてアンコントロールなものである。しかし、文明が自然を支配しようとしてきたように、スポーツは「身体」を疎外し、必然性の網の目に取り込もうとしている。そこで、私は、スポーツにおける病理現象に注目し、スポーツを相対化する必要がある、と考えた。そして、スポーツに「身体」を取り戻すため、「気づき」を誘発するコーチングを考察してきたのである。

誰もが知っているように、スポーツは近代社会の生産物である。しかし、スポーツに「身体」を取り戻すことができれば、われわれは近代的な論理や価値を超える何かを発見できるかもしれない。スポーツの近代性とともに超近代性を論じること。それによってはじめて（「身体」を扱う）スポーツ社会学に固有の魅力と可能性は担保されるのではないか、と私は思う。

私は多くの方々に支えられてきた。亀山佳明先生には、学部から大学院、そして現在に至るまで、指導教員という枠を超えた存在として、変わらぬご指導をいただいた。亀山先生に出会っていなければ、私は作田理論に出会うこともなかったし、自尊心の病から抜け出すこともできなかっただろう。また、博士論文の審査に加わっていただいた小椋博先生、原田達先生、工藤保則先生にも大変お世話になった。各先生の鋭いご指摘や叱咤激励がなければ、博士論文をまとめることはできなかった。そして、お会いして以来、その恐るべき「力」で導いてくれた

あとがき

小谷寛二先生。他にも、多くの先生方や先輩方、あるいは学生や生徒の顔が浮かんでくる。亀山ゼミのメンバーや西日本スポーツ社会学会のメンバー。個別に名前を挙げることは差し控えるが、こうした方々と出会っていなければ、本書が日の目を見ることは決してなかっただろう。感謝という言葉では足りない、本気でそう思う。

　また、本書の編集や出版については創文企画の鴨門義夫さんにお世話になった。出版事情の厳しい折、本書の出版を快諾していただき、編集作業を引き受けていただいた。また、なかなか原稿が仕上がらない私を辛抱強く待ってくれた。ご迷惑をおかけしたことをお詫びするとともに、感謝の言葉を申し述べたい。
最後になったが、私の研究を一貫して支えてくれた母、そして新しい家族である妻と息子に「ありがとう」と言いたい。

　　　　　　　　2017日10月23日　季節外れの台風が過ぎ去った日に

■著者紹介

小丸　超（こまる　まさる）

1981 年、兵庫県に生まれる。
龍谷大学大学院社会学研究科博士後期課程単位取得満期退学。博士（社会学）。
現在、龍谷大学、梅花女子大学、立命館大学等非常勤講師。
社会学理論、スポーツ社会学、教育社会学専攻。
論文に「スポーツ選手の引退に関する一考察―日本野球独立リーガーの場合―」『ソシオロジ』（社会学研究会）、「戸塚ヨットスクール論」『体罰問題の研究』（龍谷大学社会学部共生社会研究センター）などがある。

近代スポーツの病理を超えて
―体験の社会学・試論―

2018 年 2 月 26 日　第 1 刷発行

著　者　小丸　超
発行者　鴨門裕明
発行所　㈲創文企画
　　　　〒101-0061
　　　　東京都千代田区神田三崎町 3 − 10 − 16　田島ビル 2F
　　　　TEL：03-6261-2855　FAX：03-6261-2856
　　　　http://www.soubun-kikaku.co.jp
装　丁　㈱オセロ
印刷・製本　壮光舎印刷㈱

©2018 Masaru Komaru
ISBN978-4-86413-104-9　　　　Printed in Japan